高 山 植 物　　纯 净 美 肌

以"笨"制胜
解读"植物医生"发展之道

罗蔼轩 ◎ 著

中国商业出版社

图书在版编目（CIP）数据

以"笨"制胜：解读"植物医生"发展之道 / 罗蔼轩著 . -- 北京 : 中国商业出版社 ,2021.5
ISBN 978-7-5208-1410-2

Ⅰ . ①以… Ⅱ . ①罗… Ⅲ . ①企业发展－研究 Ⅳ . ① F272.1

中国版本图书馆 CIP 数据核字（2020）第 237840 号

责任编辑：杨林蔚　佟　彤

中国商业出版社出版发行
（100053 北京广安门内报国寺 1 号）
010-63180647　www.c-cbook.com
新华书店经销
香河县宏润印刷有限公司印刷
*
710 毫米 ×1000 毫米　16 开　15.5 印张　200 千字
2021 年 5 月第 1 版　2021 年 5 月第 1 次印刷
定价：68.00 元
****
（如有印装质量问题可更换）

推荐序一

为新书作序，对于很多学者来说是件乐事更是责任。同行写出新作能提前分享新知识，当然十分高兴。同时，向读者陈述自己对新书读后的感言，又是一种学术责任。我曾应邀为植物学界同行的新书作序若干次，但为一本描述企业家成功之路的新书作序还是头一次，深感力有不逮，唯尽己之力，才能不负所托。

《以"笨"制胜——解读"植物医生"发展之道》这本书，写的是一个民族护肤品品牌的成功之道，一个成功企业家创业成功的秘诀——5P法则。书中的主人公正是我从事植物利用研究应用于生产的国内合作伙伴——民族植物护肤品品牌"DR PLANT植物医生"的创始人解勇先生。五年科研应用于生产的合作，在我人生60年的科研道路上占据时间不到十分之一。但这十分之一的时间却是我感到人生最有用的一段难忘路程，是在"退而不休""老当少壮用"的夕阳激情岁月中一步步走过来的。所以才有感为本书作序，有心为本书献言。

人文精神是中国文化的根本。解勇先生创立"植物医生"品牌的成功之路，正是有了强大中国文化的支撑。他热衷于国学——道学的钻研，以老子的《道德经》为座右铭，身体力行，应用于创办企业的实践。这是解勇先生成功的一个公开秘诀——凡是中国人都可以学到。

中国人文精神的特质是"人本主义"。以人为本做人做事、做企业做科研，把产品做到极致，造福于人民，是企业家也是科学家应当崇尚的一种精神。本书的"笨到极致""笨到咬定青山不放松"的坚忍精神，以及坚持做好产品、把好质量关，为顾客服务的优秀品质，正是企业的命脉所在。解勇先生及其企业正是这样做的，所以他们的产品受到市场欢迎，销路顺畅，市场得以由小做大，最终走上了成功之路。

科学技术是生产力。好的企业文化是基础，企业要发展创新则要依靠科技来作为支撑。护肤品产业是建立在科学认知和创新基础上的大健康产业的一部分。多年来，西方护肤品品牌在中国市场上风行畅销，就是依靠科技开发出适合中国人皮肤特质和符合中国养生文化"胃口"的产品而占领中国市场的。但毕竟中华五千年文化的根深植于国人心中，中国土地上丰富的植物资源只有中国人最熟悉、最了解、最懂其用。

植物是中国人最好的朋友。正如纳西族人说的，中国人最懂得如何利用植物为人类治病，也更懂得如何利用植物来护肤养颜。正所谓"大山里没有医生，植物就是最好的医生"。东方文化所蕴含的奥秘是西方人永远也无法深入领会的。这些都为中国的护肤企业提供了极佳的发展机遇。

2015年，植物医生与中国科学院昆明植物研究所携手合作，成立"中国科学院昆明植物研究所植物医生研发中心"，将生长在"海拔高、昼夜温差大、光照强"高山环境中的植物的活性物质进行开发应用，推出了多款适合于东方人肤质的护肤产品。作为研发中心首席科学家，我很高兴看到中国高原植物为越来越多的消费者所喜爱。

中国科学院昆明植物研究所，这个成立于1938年的老牌植物研究名所，在国内外植物学界享有盛名，其不仅推动了植物医生护肤产品的创新发展，而且为植物医生参与生物多样性保护开辟了新的合作空间，找到了方法与途径。

植物护肤产品的原料都是来自大自然的产物，特别是高山环境中的各种植物。植物资源的利用需要可持续发展的战略引领，保护植物多样性，特别是保护广大农村地区植物多样性，是不容懈怠的当务之急，并将其和民族传统植物学知识融为一体，最终实现生物与文化两个多样性保护的目的。

解勇先生是新一代企业家，以其人本之厚道，实现回馈社会之大德，他毫不犹豫地拿出企业利润的一部分投入到生物多样性保护事业中。这展现出他十分难能可贵、有责任心的企业家品格，为当下我国企业界做出了很好的榜样。中国的生物多样性资源和各民族传统植物学知识，要依靠中国人来保护，特别是广大农村地区，企业家们应当给予他们大力支持和协助。须知，"助人如助己"，帮助农村地区，就是帮助企业自身可持续发展，这正是许多企业做产品的源头。

"天下万物生于有，有生于无。"解勇先生不断壮大民族护肤品牌，坚持应用 5P 法则经营之道，正是对这句话的一次现代化的实践与验证，表明中国文化的强大隐性功力和实现变革的无穷能量。

相信经历了这次新型冠状病毒入侵人类社会的严峻考验，我国的企业家们会更好地总结经验，凭借中国传统文化的强大力量，进一步提升企业的文化水平，依靠现代科技创新发展企业产品，造福于中国人民和世界人民。

最后祝植物医生这个民族品牌更加发展壮大！

祝解勇先生在创新发展民族品牌的道路上取得更大成绩！

谨以此献言，代为序。

中国科学院昆明植物研究所研究员

植物医生首席科学家

2020 年 7 月 22 日 于昆明

推荐序二

生活中,我遇到了很多可以为师的人,我也总是随身携带一个小记事本,并认真记录下可以从别人身上学习的东西。学习别人宝贵的经验,学习别人开明的智慧,吸取别人惨痛的教训,吸收别人奋进的力量等,就像孔子所说:"见贤思齐焉,见不贤而内自省也。"

人的一生,接触的人数不胜数,亲人、朋友、同学、同事……有些人擦肩而过,未生起丝毫波澜。有些人教会我一些再平常不过的事情,比如我的奶奶,她告诉我要常有感恩之心,不要把樱桃派的残渣吐到盘子里;还有一些人对我的人生影响深刻而长远,其中一位便是中国植物医生品牌创始人——解勇先生。

幸得机缘,我在应邀参加"丝绸之路"举办的一次会议上结识了解勇先生。

那次会议上,植物医生品牌被介绍给日本代表团,当时,我对其了解很少,也不知道以后会和我有什么关联。

但是,由于多年的中医药学习经历,再加上自己对中草药的热情,让我非常高兴有个中国化妆品公司一直专注于将中草药做成护肤品,并且取得了不错的成就。

我很感兴趣,想更多地了解这家公司,几周后解勇先生问我是否想参加他们的年会，以了解更多有关他们公司的情况；并且还对我说，如果愿意，希望我能成为他们的顾问，这让我倍感荣幸。

开始了解解勇先生的公司后，我发现他们的做事方式很不寻常，甚至颠覆了我以前对公司的认知。在我看来，别的公司都会遵循"公认准则"，而植物医生却明显地违背了这一准则。

我不禁疑惑，为什么他有魄力敢违背"公认准则"，把那些非常聪明、受过良好教育的人认为是正确的、必不可少的"准则"抛诸脑后，依然还能获得成功呢？

● 化妆品市场竞争激烈，尤其是有西方老牌的大公司，所以进入护肤品行业，不是好选择！然而，解勇却有不同的想法。

● 有些中国消费者在使用高端化妆品时，会首选韩国护肤品或者法国去皱面霜！而解勇却认为他可以创建一个高品质的中国化妆品品牌，事实上，植物医生也的确成了中国第一大化妆品品牌，拥有自己众多的品牌店，过去十年来的销售额每年都保持30%以上的增长！

● 想要获得商业上的成功就得与时俱进，而就当下而言，搭建网络平台，搞网络销售似乎才是较好的出路。然而，解勇却认为，专卖店才是成功之道，虽然近些年来确实有不少实体店因为网络冲击等各种原因而进入"寒冬"，但植物医生却一直经营正常。

● 对于销售化妆品，一般人都会选择进驻大型超市或药店，通过在超市或药店货架上获得"一席之地"来对产品进行销售。因为，在很多人的意识里，为了销售自家产品而特意去开门店，肯定会走向破产！对此观点解勇先生并不认可，事实上，植物医生现有的3700多家门店以及如火如荼的持续发展趋势，就足以证明开门店是正确的！

● 关于产品定价，一般人都会认为，要么定在高位，要么定在低位，不要夹在中间！解勇先生却认为，高质量的产品应该是消费者负担得起的，价格不应以高低来定，而是要以合理为准。与很多人的看法相反，他认为顾客并不是真的喜欢和欣赏便宜的产品，而从最后数据上来看，市场反馈也都证明了解勇先生的观点是对的！

以上，只是通过几个简单的例子来说明解勇先生独特的商业经营之道，在本书中，有对他的商业哲学的详细介绍。

看完本书，你会明白，为什么商业上看起来注定要失败的人，最后仍然能获得成功。

每次和解勇先生谈话我都很开心，他是个拥有不竭灵感和智慧的人，不管别人怎么说，他都能以自己的初心为向导，坚持走自己的路。

他的行事原则："反者道之动，弱者道之用。"（《道德经》第四十一节）这句话被他做成书框悬挂在办公室里，题词优美灵动。

有一次我问解勇先生，你的公司经营得这么成功——建立了一个在中国家喻户晓的化妆品品牌，甚至已经扩展到日本——一定是因为你的聪明智慧吧！

然而，他并不这么认为，更未为此感到骄傲，而是以他一贯的谦逊态度回答我：他从来都不是很聪明。恰恰相反，在他上学期间，一直被认为是一个"笨"孩子。

大多数人可能永远不会有幸见到解勇本人。

但是，如果你想知道一个"笨"人是如何建立起了一个国际化的化妆品品牌，如果你想从中获得启发或灵感，那么这本书将给你一些很有价值的见解！

透过解勇先生的事迹，也许你会认为，反其道而行之，甚至比别人"更弱"或"更笨"也是一种成功之道。

以"笨"制胜
——解密"植物医生"发展之道

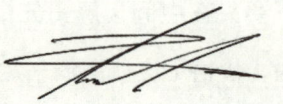

生物多样性——高山植物保护行动副秘书长

2020年7月7日 马赛丽[德国]

生物多样性——高山植物保护行动副秘书长马赛丽(左六)和DR PLANT植物医生品牌首席科学家裴盛基(左七)等人活动合影

推荐序三

我和解勇先生认识30年了,十多年前我开始在一个管理社群中把解勇先生自创民族品牌的故事进行实况转播,当时解勇先生的企业价值不到一亿元,可以说是名不见经传,社群里的一些管理大师不以为意,有人说十年以后再来看看,是否说话还那么硬气?随着时间的推移,十年后的今天,解勇先生当初所说的一些梦想——得到实现,尤其是日本开店的一些近乎梦呓的狂想竟然也得到了实现,这让社群里的网友们感到非常震撼,大家都认为解勇先生一定有什么灵丹妙药,而这本书解密的正是解勇先生成功的原因——以"笨"制胜。

解勇先生实际上人并不笨,所谓以"笨"制胜,其实是用坚持、聚焦、诚信等思想经营化妆品企业。

在我的职业生涯中,主要的20多年时间都贡献给了美的集团的何享健老先生,在他的企业中长期负责美的与东芝的合作项目,另外的时间则贡献给了植物医生的解勇先生。在我眼中,这两位企业家有相似之处,那就是都能承认自己的不足,都能虚心学习国外技术,经由埋头苦干、长期积累,都能赶超外国先进技术,最后以"笨"制胜。

我的朋友大多数是因为美的的关系认识我的,当我从美的办了早退手续,进入植物医生企业做顾问后,很多老同事老朋友会问,你怎么愿意从大企业到这样的小企业去,它的产品怎么样?我说这家企业的管理文化与美的很类似,产品也很好。朋友问,何以见得?我说,当初解勇先生向美的偷偷参观学习时，我给他介绍美的的成功经验，重点讲述了我从事的学习东芝先进技术的模块。解勇先生听了以后，也通过各种渠道请了资生堂的退休专家到他的企业来，并让我业余帮忙做翻译。由此，植物医生投资的工厂技术也得到长足的进步，几乎达到了日本同类企业的水平。无疑，这是长期学习日本技术的结果。当然，在中国，这样的企业还是少数，大部分的国内企业还差"最后一公里"或者更多的路程。

那么如何证明植物医生的产品达到了日本同类企业的水平，甚至超过了呢？最好的证明就是，去日本开店，到人家的地盘上去"打擂台"，并且打赢了，得到了他们的认可。

打算到日本开店之初，植物医生的第二大股东极力反对，认为到日本开店，与资生堂、SK-II去竞争，这不是虎口夺食吗？搞不好会被"老虎"吃掉！

但解勇先生坚持要到日本开店，原因很简单：我一生就做一件事情，就是要把高山植物护肤品做好，做到世界第一，就这个愿望，因此必须在日本开店。

我因为对产品质量有信心，也就有底气去帮植物医生开店，不过我对销售方法不懂，去日本之前就向解勇先生请教有什么高招来做营销策划。

解勇先生回答说，没有什么高招，就门口招揽即可。

我大致心领神会，大道至简，最简单的方法也是最有效的方法。

在日本开店时，很多人给我各种高超的建议，都是化妆品行业最有智慧的想法，我只能褒奖一番好意，说自己真的不懂，实际上则是按照解勇先生的"笨"方法去做的。

结果，"笨"方法真的有用，门口发面膜小样，路人回家用后，觉得效果好的，就回店购买正货。按照这样的销售方式，业绩在一点点地慢慢增长。其间，有一位叫龟岗的女士，做了我们一年的会员，给我谈体会时说，其实遇到植物医生之前，她已经有十年的脸部肌肤烦恼了，没想到植物医生的石斛兰一朝就解决了她的问题。

就这样，植物医生依靠产品质量捕获了一个个日本顾客。在日本，做经营很简单，不过要处理好企业相关工商事务，却不简单，中国大部分企业对日本有误解，都会被卡在这里，实际上，日本社会也很简单，也是要用"笨"方法来解决所谓的复杂事务。因为任何事，理解了本质，也就不难了。

可以说，解勇先生的以"笨"制胜策略是对当今浮躁商业社会的一剂良药，认真学习模仿后，世界似乎也简单起来，人也不用那么吃力了。最后，希望本书能给大家带来有益的启示。

2020 年 7 月 1 日于日本大阪

以"笨"制胜
——解读"植物医生"发展之道

DR PLANT植物医生未来事业部总经理黄剑峰

推荐序四

> 故物或损之而益,或益之而损。
> ——《道德经》第四十二章

20 世纪 70 年代,我在陕西咸阳的西橡子弟学校上的小学。当时小学是五年制,五年级时有一天被告知有可能与另外两个同学一起留级,这对我来说真是个晴天霹雳般的坏消息,更大的打击是那两个将要一同留级的学生是我们那会儿口中的"傻瓜笨蛋",我终于认识到自己在别人的眼里也是笨蛋。临近暑假,班主任李老师告诉我一个令人欣喜若狂的好消息:"政策变了,留级制度暂不执行,要给笨孩子留住尊严。"可以说,整个小学在我记忆中就是这一坏一好两个消息。

上了初中,我依然没有成为少先队员,依然不能戴上红领巾,身边那些优秀少先队员都已经开始考虑加入共青团了。当我自己快要习惯在各种少先队员组织以外生活的时候,我的班主任焦老师实在看不下去了,终于在我临近超龄的最后一年让我光荣地加入了少先队,稍微尴尬的是宣誓的时候我的个头儿比其他低龄的孩子高出很多,所以相当引人注目,从大家的眼神里我似乎读出了一句话:"这个笨孩子,这么大了才戴上红领巾!"

升高中的时候,我进了当地最好的咸阳二中。当然,我的学习成绩依旧是非常可怜地排在后面。入学后我猛然意识到大家来到这里都是为了一件事——高考,从那个时候开始,我便开始发奋学习。其实当时学校的条件并不好，灯光不但昏暗而且每到傍晚时教室也不开灯，很快我就变成了近视眼，戴上了眼镜。功夫不负有心人，我的学习成绩渐渐地有所好转，考试分数一次比一次高。在整个中学考得最好的一次就是高考，终于考上了西安建筑科技大学。那会儿的高考录取通知书发下来后，都是先贴在工厂社区的大门口，记得当时子弟学校领导看到后还感慨道："这么笨的孩子，还能考上大学？！"

人和动物最大的区别在于"思考"，企业家和人最大的区别在于"反思"。既然被定义成了"笨孩子"，在这么多年的经营过程中我时常思考一些问题，有没有适合笨人的成功方法？企业到底有没有一个让普通人成功的法则？我发现去模仿别人成功的方法并不能成功，或者说走别人走过的路往往不会成功，同一条路，不可能成功两次。那么我们应该坚持的到底是什么？能改变的又是什么？一路走来，若能以拙笨之心坚持一些本质的事物，反而更为受益，不用投机取巧，更不要急功近利。正所谓"大直若屈，大巧若拙，大辩若讷，大赢若绌"。我们所谓的笨拙，核心其实就是坚守事物的本质。

我的企业创立至今，已有26个年头。1994年创立企业时，只能说是进入了化妆品这个领域，等到了十年之后也就是2004年，才形成了如今的商业模式。又过了十年，到了2014年才找到了品牌的方向和定位，但只有定位是远远不够的。到底还有哪些因素能确保一个品牌的成功？资本、人才还是市场？它们起的作用到底是什么？就像种子之于土地、水分、营养一样，资本、人才和市场也仅仅是土地、水分和营养，并不是种子，品牌的经营本质是一个品牌的定位（Positioning）、产品（Product）、渠道（Place）、推广（Promotion）以及价格（Price），也就是"5P法则"。

"5P法则"的5P是一个企业或者一个品牌的核心，如同DNA一般的存在。不过,即使有了"5P法则",也并不能使你百分之百成功,就像种子没了土地、空气和水依然无法发芽一样,更别说开花结果。但是用这个法则去验证一个品牌是否能成功,却是一个行之有效的方式。

罗蔼轩虽然已经离职,但作为一名离职高管能不断反思需要极大的勇气,我也会最大限度地配合她写下这段心路历程。书名"以'笨'制胜"恰恰道出了生意真谛,我又是《道德经》的铁杆粉丝,《道德经》里的每个章节的字句经常在我脑海里放映,也顺便为每个章节配备了《道德经》副标题。

2020年6月于北京

生物多样性——高山植物保护行动副秘书长马赛丽和DR PLANT植物医生品牌创始人解勇

自 序

近些年，随着互联网的高速发展，电商行业纷纷兴起，传统的实体店铺商业遭到了很大的冲击。

现实生活中，诸多实体经营者或是满脸愁容，或是满眼迷茫，或是满心焦灼，纷纷感叹："实体生意太难做啊！"

电脑手机上，多少唱衰实体的声音此起彼伏、不绝于耳："实体零售业已经到了举步维艰、奄奄一息的地步了。"

真的是这样吗？

"我们不一样。"

我情不自禁地想用自己的一段职场经历来回答这个问题。

多年前，我辞去一家世界500强外企的工作，转而入职于一家本土化妆品企业。在这家本土化妆品企业，我度过了永生难忘的几年时光，我亲历了一家本土品牌企业的业务量"旧貌换新颜、鸟枪换大炮"的蜕变，见证了一家民族品牌企业的销售规模从"青铜级"跃升到"钻石级"的改变。

其中的波澜壮阔，其中的酸甜苦辣，即使在离职后，每每回想起来，也让我心潮久久难以平静。

其中的经历体验，其中的教训收获，总是在不经意间，像一段百转千回的旋律，回响在我余生的职业生涯中。

这个本土品牌是一个主动选择了崎岖曲折道路，却又铸就了辉煌的品牌，是一个前所未有的"笨"，而又前所未有地燃起人们对国货之信心的化妆品品牌。

多年来，外界总是不断打听其中的奥秘，因为位居高管，我一直三缄其口，当个"闷葫芦"。

如今，我已经离开这家企业，终于可以松口讲讲那个"起烟于寒灰之上，生华于将枯之木"的秘诀了。

一家早些年名不见经传的本土品牌，为什么能在实体店退行大潮的形势下，保持逆势而长，并高速发展，以至名震四海？

因为"笨"。

作为品牌的一位资深前高管，我有着多年的实践经验，有着多年跟随领导工作的耳闻目睹，有着多年伴随一众资深老员工的同甘共苦、起伏跌宕。"笨"，是品牌建设一路走来不少外界人士常常有的评价，基于他们对"笨"的定义，我倒觉得是一针见血地概括出了这个品牌的建设精髓和胜利法宝。

我最开始进入这家本土企业，本是想增加些职场技术含量，体验一下民企的风高浪急，但让我十分意外的是，结果我却学了一套"笨"招。在离开后，我的一大幸事和乐事就是可以把这套"笨"招拿来与大家分享，给大家揭露一个人人都可以成功的方法。

好在解总的方法"笨"但人心眼儿好，即使离职后我们也偶有微信交流，关于出这本书，讲这套"笨"招和故事，在道德上和原则上我都必须要征求一下解总的意见，没想到解总爽快地同意了，还答应作推荐序并帮我推广。

正因为解总如此宽厚亲和的性格，以及我多年跟随他而对他的了解，我必须好好赞扬一下解总，他不仅是位卓越的民族化妆品品牌领军人物，也是位出色的商业思想家。虽说经营企业之道是"笨"，但其实他是一个很有智慧的人，具有敏锐的市场洞察力、前瞻性的分析力和远见卓识的决策力。

而所谓的"笨"，其实就是真和恒，就是坚持守自己的信仰，走自己的道路，不怕火炼怕不真，不怕无能怕无恒。铁杵磨成针，功到自然成。他常说"久利之事勿为，众争之地勿往"，这一点他不仅理解得很透彻，做得也相当彻底。常伴左右，我经常听到他亲诉一些经营之道和多年经营中的点滴故事，以及各个行业的万千动态，得益于这些近距离的知识获取，才形成这本书的各种真实细节，本书所用的核心理念，也凝聚着解总的智慧与创新精华，所以在这里真的非常感谢解总，相信这个"笨"方法不仅能让我们上万人的团队受益，也能给广大读者带来很多启发。

此外，我还要郑重感谢才华横溢的黄剑峰老师给予的，让我受益匪浅的启发、不吝珠玉的指教和大力相助，感谢这个品牌团队朋友们在本书案例、图片等方面的大力支持和良多启发。

我所曾就职的这个企业叫植物医生，其所经营的品牌叫"DR PLANT 植物医生"，一个做化妆品品牌专卖店的企业，从我加入公司时的几百家实体店到我离开时的接近3000家实体店，这个品牌已经创办了20多年，是实打实的实体零售品牌，我对这个品牌的理解概括起来就四个字："以'笨'制胜"，如果要再加一句话，那就是"笨"到极致，人迹罕至，"笨"到极致，无所不至。

品牌到底是怎么回事？如何建设品牌？有没有一套相当系统又好落地的品牌建设方法论？这些问题是我们职场经理人最为关心的课题，也是我多年来苦苦探索的方面。

以"笨"制胜
——解读"植物医生"发展之道

通过在植物医生几年的耳闻目睹，我发现解总的品牌建设 5P 法则（定位、产品、渠道、推广和价格）具有超乎寻常的效力，真是应了那句话："踏破铁鞋无觅处，得来全不费工夫！"

5P 法则，实际上就是可以"以'笨'制胜"的一整套"笨"招，它是解总在品牌发展过程中摸索总结、归纳提炼的一个方法论。

大家都知道，中国是全世界最大的生产大国、制造大国，但是目前中国却还不是一个品牌大国，在品牌建设上跟欧、美、日这些国家和地区还有着巨大的差距。

解总带领着植物医生团队一直在探索怎么去建设好一个品牌。在植物医生整体的建设过程中，他逐渐摸索出了一系列行之有效的方法，即 5P 法则。后来解总发现这些方法是可以复制的，也是可以为其他品牌所借鉴的，所以就不断归纳总结、冥思苦索出其中的规律。运用这个规律方法，解总又去拓展了日本市场和中国香港市场，结果证实非常有效。

这套法则之所以称 5P，是因为这 5 个单词的英文打头的字母都是 P。定位是 Positioning，推广是 Promotion，渠道是 Place，产品是 Product，价格是 Price。

这 5 个 P，在外，像人的五官；在内，像人的五脏，一个也不能少，必须一整套互相配合、相互协作，才能发挥最大的功力，才能让品牌在激烈的竞争中，"千磨万击还坚劲，任尔东西南北风"。

什么创品牌、立品牌、让品牌走向世界，什么躲坑、防雷、品牌大丰收，这些形形色色的问题和挑战，都可以用 5P 这套"笨"招来应对。

本书就是帮助人们掌握 5P 的金钥匙，分别从定位、产品、渠道、推广、价格 5 个方面对品牌进行了阐释。每一式的门道，每一招的精髓，都有叙述和讲解。此外，还有"招数"细节上的技巧和秘诀。

自 序

不要担忧自己不够聪明,不要忧虑自己缺乏经验,不管你现在是徘徊在人生的低谷,还是攀登到成功的高峰;也不管你是站在什么角度,个人或者团队,管理者或者职员,相信这本书都可以带给你启发,让你掌握更多的有助于事业发展的方法,从而帮助你获得自我成长,促进品牌建设,推进企业发展,在事业上奋发有为、宏图大展,最终以"笨"制胜!

罗蕙轩

2020 年 9 月于北京

目 录

本书导读
普适的"笨"工具

"笨"人也能创品牌 / 2

为什么 5P 才是品牌发动机 / 12

讨巧的品牌都是坑 / 22

5P之一1P | **（Positioning）**
定位，唯一胜于第一

定位是方向 / 30

方向对了，剩下的就是"笨笨"的坚持 / 43

唯一胜于第一 / 48

真实可信，有感走心 / 57

定位需要支撑 / 66

定位需要顺势而为 / 75

定位表述：一句话定江山 / 80

5P之二2P | （Product）产品就是解决问题

产品就是解决顾客的需求问题 / 86

新品类是最大的品牌机会 / 95

细节要下"笨"功夫 / 101

品牌面子需要产品里子 / 111

品类创始者的红利 / 120

产品最难是预测 / 124

质量问题要零容忍 / 130

成长启示录 / 134

5P之三3P | （Place）完美体验是渠道的任务

"笨"一点儿才能存活下来 / 144

被平台掐住的品牌难存活 / 152

渠道是用户的小剧场 / 155

营销恰如做中医 / 162

5P之四4P | （Promotion）推广就是进行口碑传播

近者悦，远者来 / 168

推广就是推动口碑传播 / 174

打造中国最有价值品牌的植物医生足球队战略阵容 / 180

"笨"到让人舒服 / 185

口碑是最核心的一件事 / 188

品牌势能:飞机高空不费油 / 199

服从规律,挑战规则 / 202

5P之五 5P（Price）价格有高低,品牌无贵贱

领导品牌拥有定价权 / 208

人们不喜欢便宜,喜欢占便宜 / 210

高价可以暗示,性价比才是本质 / 213

后记:营销之重,绝非营销部门所能承担 / 217

本书导读

普适的"笨"工具

大盈若冲,大直若屈,大巧若拙,大辩若讷。

——摘自《道德经》第四十五章

"笨"人也能创品牌

1993年12月,他收拾简单的行囊,独自乘上一列斑驳褪色的绿皮火车,从广州去往北京。缓缓进站的火车,冒着白色的蒸汽又缓缓地离开,他蜷缩在逼仄的角落里,忘却了风餐露宿的艰辛,感受着饥寒交迫的阴影,引颈翘首,向远方张望。

缓缓进站的绿皮车,卸下旧的行李,装满新的行李后又缓缓地奔赴下一站,留下辞去了旧工作,准备找新工作的他。站台上,他怅然若失地憧憬着未来。

那时的他,只是一位没车没房也没钱的"三无"北漂。

北京寒冷的大街,奔走觅工的他,已是力困筋乏、身无分文。啃着自己包里干硬的白馍,他忐忑又坚定地继续叩开了下一家公司的门。

夜色笼罩,冷雾氤氲。在城市最醒目的那些地方,霓虹光管广告和电子广告牌,闪烁着,跃动着,光亮耀眼,鲜艳夺目。可口可乐、麦当劳、肯德基、欧莱雅、东芝、三菱、雅芳、资生堂……清一色都是国外品牌。

霜风凛冽,寒意刺骨。站在西直门大街上,他望着头顶上的大广告牌,裹紧衣服,抱紧双臂,冻得直哆嗦。面对人生的低谷和困境,支持他前行的温暖和力量,唯有爱和梦想。除了爱和梦想,他一无所有。

他要踏上的路,和其他"北漂"一样,都将面临梦想美好、现实残酷。

他要品尝的味，和其他"北漂"一样，都将尝尽人间冷暖、世态炎凉。

就像人们时常感慨的那样：长了颗《红楼梦》的心，却生活在《水浒传》的世界，想交些《三国演义》里的桃园弟兄，却总遇到《西游记》里的妖魔鬼怪。

但是，多少难甘事，男儿当自强。

他告诉自己：我有七尺之躯，就应该有尊严地活在这个世上。我是热血男儿，就应该给我爱的和爱我的人予爱予责任。我听过很多道理，所以更要过好这一生。

他告诉自己：在最落魄的时候，不可放弃自己的初心，在最艰难的时候，不可忘记自己的坚持。穷困且益坚，不坠青云志。

但是，三无"北漂"该怎样逆袭？

工作转销售，销售转创业，自己做品牌。

他辞去广州民营企业的工作，从北京的一个加拿大外资品牌的产品推销员开始做起，逐渐转为产品销售代理，自己聘用了一些导购，再逐渐转为代理商，发展好了之后，再转做品牌商。

没有哪一个企业不需要面临创品牌的问题。

因为，没有哪一个企业不需要创品牌。企业没有品牌就像一个人没有响亮的名字一样，很难在市场上找到自己的立足之地。

没有品牌的产品，在市场上始终是"价廉""质次""地摊货"的代名词。

品牌对于所有消费者来说都是一个重要的符号，这个符号好不好，代表着产品质量高不高，代表着商品价值是多还是少，也代表着企业发展是昙花一现还是长久之道。

在国际市场上，由于没有自己的品牌，很多中国企业只能给外国品牌做贴牌生产。于是赚得盆满钵满的只是委托方（品牌所有者），贴牌生产的中国企业只能赚点微薄的加工费，既没有产品定价权也没有营销主动权。

要想把企业持续做下去，实现华丽转身和逆袭成功，就不能不创品牌。

那时的他，暗暗下定决心，一定要创品牌。

那时的市场，大量中国品牌商标被外国品牌抢注，近5万个中国品牌商标因为没有及时注册而失去了商标专用权，令人痛惜不已！

在国内，外国品牌通过合资买断中国品牌的方式，让很多中国著名品牌都迅速从人们的视线消失，令人扼腕长叹！

比如，1992年成立的护肤品牌"小护士"，当年可谓赫赫有名、人人皆知。这个经过十几年的辛勤耕耘，得到了近乎百分之百消费者认知的品牌，在2003年底被欧莱雅集团高调收购。此后，虽然欧莱雅集团通过出新品等动作，对外表明了这是填补中低端市场的策略，但是"小护士"确实已经逐渐淡出人们的视线。

2013年，欧莱雅集团又收购了美即面膜，于是曾经几乎开创了中国面膜品牌的美即被"金屋藏娇"。

相同的案例数不胜数，譬如曾经的中国糖果业老大徐福记被雀巢收购，曾经的中国第一火锅小肥羊被百盛收购，中华牙膏被联合利华收购，大宝被强生收购，等等。

万变不离其宗，外国企业都是以品牌为武器来实现占领中国市场的目的，而且这种竞争十分激越，这种攻势十分猛烈。

所以，在那时，他面对的品牌状况是怎样的？

在中国，人们喝着可口可乐，吃着肯德基、麦当劳，用着宝洁公司的洗发水、沐浴露,儿童食品是雀巢、达能、卡夫、吉百利、好丽友,女性最青睐的化妆品、服装、箱包也都是国外品牌。

这样,即使是经过职场和商海多年历练的人,要想创出自己的中国优秀品牌,也是一件步履维艰、难如登天的事。

但是,做人如果没有梦想,那跟咸鱼有什么区别?没有梦想的地方,就是萧瑟的蛮荒。

他相信,品牌并不是世界一流企业的专利,也并非遥不可及的事。如果懂得下"笨"功夫,"笨笨"的人也能够打造出一个好品牌,一个大众钟爱的品牌,让自己的企业基业长青。

下"笨"功夫的"笨笨"的人也能打造出好品牌?

那时,人们看着这个除了爱和梦想一无所有的三无"北漂",听着这些犹如异想天开、天马行空般的话语,不以为然的有之,半信不信的有之,摇头侧目的有之,嗤之以鼻的也有之。

殊不料,他真的做到了!

他,就是DR PLANT植物医生创始人和总裁解勇。

导图1　DR PLANT植物医生创始人和总裁解勇

以"笨"制胜
——解读"植物医生"发展之道

他用了20余年的时间,打造了中国化妆品单品牌店龙头企业。他打造的品牌"DR PLANT植物医生"拥有全球1000多万会员,连续多年销售额增长在30%~50%,单品牌店数量已逾4000家,遍布国内外300多个城市,是国产护肤品牌借鉴"发展经"的样本和当之无愧的标杆,让许多国内消费者对国货重新燃起了信心。

导图2　DR PLANT植物医生在中国市场

导图3　DR PLANT植物医生在中国市场

2019年4月28日,"DR PLANT 植物医生"店铺正式亮相日本大阪。这个有着植物绿 Logo 的品牌,成为有史以来第一个在日本开设单品牌店的中国护肤品品牌。

在日本开设单品牌店,而且还是护肤品品牌?

美业界沸腾了,海内外震惊了!

多少年来,中国女子的梳妆盒里塞满的总是日系护肤品,中国化妆品柜的货架上摆满的总是日系化妆品。

在中日美业交流上,一直是日本单向输入,而我们诸多民族品牌,长期以来,在国内都被束之高阁,往国外更是输出无门。

在美容业,中国品牌若想屹立在海外市场上,日本可谓是最难啃的骨头、最难登的山头。

因为日本护肤品市场的竞争,比世界上其他任何一个国家或地区都要激烈,日本护肤品生产研发水平已经遥遥领先欧美,位居全球第一,而且日本药监系统与中国国家药品监督管理局的化妆品相关标准,存在巨大差异。在对中国化妆品的接受度上,日本人基本是"拒绝三连"——不信、不用、不买,根本就不接受在中国生产的化妆品。中国化妆品要想进入日本市场,难度超乎想象,甚至比进入美国市场的难度都大得多。

然而,植物医生不仅成为进驻日本市场的先行者,而且并没有像别人想象的那样会是一派门庭冷落、无人问津的惨淡状。相反,植物医生日本店得到了大家的青睐,从初见的疑虑,到小心的尝试,再到见效的惊喜,直至稳定的信赖,以及长久的欢喜,人们的态度前后发生了180度的转变,纷纷成了植物医生的铁杆粉丝,并且领着亲朋好友,带着老老少少,奔店而来,一拥而入。

以"笨"制胜
——解读"植物医生"发展之道

导图4　DR PLANT植物医生日本心斋桥一店开业剪彩仪式

业绩、粉丝量、口碑与在中国开设门店时相差无几,植物医生团队也从刚开始的有点儿忐忑变得信心满怀,于是又开设了第二家店。

导图5　DR PLANT植物医生日本心斋桥二店开业剪彩仪式

最难忘的是,有位痘痘肤质的日本姑娘,在用了植物医生产品皮肤颇有改观后,回购时高兴地说道:"从没用过中国的护肤品,没想到中国的护肤品这么好,简直太意外了!我喜欢中国护肤品牌!"听闻此言,在异国他乡的团队成员,突然湿了眼眶,她们悄悄拭去眼泪,笑了笑就又继续忙开了。

岁月如歌,回首植物医生走过的时光,26年的风雨兼程,26年的开拓进取,26年的砥砺前行,26年的坎坷峥嵘,这26年,是解总的逆袭之路,也是民族品牌的逆袭之路。

其实,在这一路,人们都在夸赞植物医生的砥砺成钢,欣赏植物医生的奋进乐章,但也有一些人并不理解解总"笨笨"的坚持,并不看好解总

"笨笨"的梦想。

因为解总说实话、办实事，不会偷懒耍滑，也不会投机钻营，只是一心一意、潜心笃志、砥身砺行，创造品牌、打磨产品。

解总老老实实，似乎常常会让自己吃亏，但其实这种吃亏就像是储蓄中的"零存整取"一样，终会在未来的某一天带来丰厚的回报。

因为老实人吃点儿亏，周围的人都会看到，自然也就会越来越信任这些老实人，这些老实人也会收获越来越多的真诚相待，拥有越来越多的真心支持。

反观那些所谓的"聪明人"，虽然他们可能会得到一时的利益，但却迟早都会失去大家的信任。诚信是做人的灵魂，是社交的基石，是企业的生命，是成功的根基。失去了诚信，任"聪明人"多么会耍滑头、玩花招，发展也不可持续、不可长久，终会因小失大、因末失本，捡了芝麻、丢了谷仓。

因此，从长远来看，"笨笨"的老实其实是一种会给人带来长远效益的品质，是一种取之不尽用之不竭无限珍贵的品质。

事实上，老实人往往最能够明是非、辨善恶，最能够懂得什么是美、什么是丑。在老实人的面容里，有着一双达观的眼睛，藏着一颗通透的心灵，他对世界充满了爱和热情，他对生活充满了爱和真心，他从不把希望寄托于天降横财，也不会寄希望于不劳而获，他知道所有的收益都源于自己的脚踏实地，所有的硕果都要用自己的双手打拼，所以他勤勤勉勉、兢兢业业。这样的人，应该受到世人的尊敬。

"笨笨"的老实人依靠诚信和努力践行自己的理想，还会带来"品牌效应"。因为"笨"人的诚实能建立起真正的信誉，能构建起最坚实的桥梁。让人们都真心愿意与他多多交往、长久合作。

所以，解总那些聪明的硕士同学、博士朋友都纷纷加入，成为他的合作伙伴。

这就好比商业中的品牌，知名的优质品牌本身就有价值，只闻其名无须看货就知道是好产品，在市场上自然也就吃得开，有持续发展的根基，有不断增长的动力。

在植物医生里，解总倡导这种老老实实、诚实守信的"笨"精神。将这种"笨"精神深入到企业经济活动的各个环节中，贯穿于企业文化建设的整个过程里。所以，植物医生的一大经营理念就是：诚实守信是一切的基础。

在挑选人才上，植物医生以诚实守信的"笨"精神为重要原则。

比如，财务中心在选聘员工时，会重点关注候选人过往的诚信档案，看候选人是否具有真实可靠的品质，是否具有良好的职业口碑和美誉度，面试过程中是否注意对之前工作单位敏感信息的保护等。

而植物医生在提拔干部时也以诚信作为一票否决标准，只要有过弄虚作假、徇私舞弊等非诚信行为坚决不予重用。

在植物医生，"笨"精神还意味着专注，专注于修炼内功，专注于消费者的产品体验，专注于打造有品质的产品，专注于让消费者通过了解植物医生来认同植物医生。

在产品创新上，植物医生以专心致志的"笨"精神为必要根柢。

植物医生要求用这种专注的精神去做产品创新，在各个环节中，自觉自愿地为客户着想，以满足客户的需求作为自己的工作目标，以客户的满意作为自己的工作标准，真正把客户当成自己的"上帝"。

解总常对植物医生团队说，我们走的是一条别人不愿意走的路，不能投机取巧，不能急功近利，要奋斗为本，要持之以恒。

植物医生的发展也已经证明并将一直证明下去——"宁拙毋巧"的"笨"，的确为植物医生赢得了口碑，赢得了竞争力，赢得了市场，赢得了财富，赢得了今天这种被外界看来是奇迹般的成就。"笨"，既是解总及其团队的经验之谈，也是他们的成功之道。

"笨"的本质是真和恒，"诚无不动者，修身则身正，治事则事理""坚持就是胜利"，真和恒是打造品牌、铸就辉煌的根本保证，也是赢得成功、实现理想的最大奥秘。即使是一个"笨笨"的人，基于真和恒的"笨"精神，再掌握好被解总及其团队反复验证卓有成效的品牌5P法则，也能实现一种看似奇迹般的逆袭，完成一些看似不可能的事情，打造出优秀的好品牌。

为什么5P才是品牌发动机

"5P多简单啊，不就是4P+1P嘛"，在一次小型的聚会上，一位MBA工商硕士的老师听了解总的理念后说："这就是麦卡锡的传统营销4P理念加上一个定位嘛，没有啥新意。这个是品牌教科书上的一个基本内容，没有什么独特的创新之处。"

现场起了一些笑声。

"这话讲得不对。"发言的是黄剑峰老师。黄老师曾任职于世界五百强大家电品牌的董事会，现任植物医生未来事业部总经理，是长期跟世界五百强进行同台竞技的资深管理实践人士。

MBA工商硕士老师问:"为什么不对?"

黄老师说:"解总提出5P是一个品牌的发动机或者根本的法宝,有他的道理。因为在化妆品领域呢,有这么一个误区。而这个误区,不要说一般的人,就是大名鼎鼎的联想的柳传志也犯过这个错误。"

MBA工商硕士老师问:"什么样的错误呢?"

黄老师说:"在化妆品领域,消费者主要是广大女性,而女性一般来讲比较感性,你给她讲很多原理,往往未必能产生很好的销售效果。"

MBA工商硕士老师点了点头说:"对,效果不佳。"

黄老师说:"跟那些电脑、手机、汽车等产品的销售对象不一样,化妆品产品一般在业界普遍被认为更应该诉求于广告,比如明星广告之类的。这些广告往往会让消费者产生一种非常直观的想法。什么直观想法呢?用了后将变得和明星一样漂亮或者将有神奇效果的直观想法。基于这样一种思维模式,业界很多品牌都会去进行广告植入。"

在场的不少人都点了点头。

黄老师接着给大家讲了下面这个故事。

在一次企业家论坛上,IT行业大佬上台介绍联想品牌的成功经验,坐在台下听的小企业家胡老板非常羡慕。他向IT大佬讨教:"很佩服联想品牌市值达到4000多亿元人民币,并且收购了美国的IBM。反观我们的化妆品行业,连联想品牌的零头都不到,只有十几亿元人民币。能不能告诉我们一个方法,让我们也学习学习怎样才能成为一个国际大品牌?"

大佬问:"你这个行业是什么行业?刚才没听清楚。"

胡老板说:"我是化妆品行业。"

大佬说:"喔,那简单,你只要多打广告就行了。"

其实,大佬在这个问题上,是有一点儿傲慢与偏见的。

虽然大佬也是国际有名的企业家,但他对化妆品行业并不熟悉。当时胡老板听了以后，也有些哭笑不得，按照大佬说的做了以后也并没有成功，因为随即而来的就是自媒体的兴起。于是胡老板后来就不再听大佬的话了，转而开始强调研发。

这虽然只是行业内的一个小故事，但在化妆品行业内，借广告来进行投机取巧之举一直是连绵起伏的。

在电视广告尚未衰落的时候，不少企业会注册一个商标，然后借助于电视剧、电影、影视明星等，把这个商标概念打广告打到家喻户晓，接着就开始进行大量的贴牌生产。

这些靠广告打响的商标一开始的销量很大，但是到了后来肯定都会衰减，然后逐渐销声匿迹。

除了上面这种情况，还有另外一种情况。

有一些企业是有正规工厂的，工厂的工艺技术、产品都还不错，但其渠道走的是CS渠道（CS渠道是指日化用品在终端销售中的化妆品店、日化店、精品店系统所构成的销售终端网络系统，如屈臣氏、丝芙兰等大型线下渠道）。由于CS渠道的渠道商不愿意培养其他品牌，因此这些企业在渠道上仍然存在问题。

比如，有个曾经很火的美妆品牌L品牌，在创立初期，因为没有明显的特色，全国代理商都不为之所动，所以它在商超、专营店渠道就找不到出路，于是它转而投向了CS渠道，把产品放在了CS渠道中最火热的品牌集合店里进行销售。凭借吸引眼球的少女风外观和韩风概念的包装，它在该CS渠道店里成了热销品牌，一度年销12亿元，销量位列该CS渠道店第一。

L品牌的创始人是医生出身，解总曾向他讨教，他告诉解总的经验就是因外观包装和CS渠道而取得成功。解总说："你的品牌产品在包装、使用感受等方面有很好的优点，非常值得学，但是……渠道呢，我认为你的渠道是有问题的啊！"

L品牌的老板听了之后很不以为然。

解总就很耿直地提醒说："在这种渠道里面，你五年以后会出问题，之后，我们会超过你。"

L品牌的老板当时就生气了："你来讨教经验，你还来跟我嘴硬？！"

他没有想到，后来还真是应了解总的预测。

5年以后，L品牌被CS渠道折磨得死去活来，渠道商巧立名目收取各种费用，于是，和曾经同样在该CS渠道品牌集合店里风靡一时、炙手可热的S品牌、K品牌、M品牌等的命运如出一辙，L品牌也走向了衰落，消失在市场中。另外，中国裁判文书网显示，L品牌的老板这些年还官司缠身，涉及百余宗案件，其中多为劳动争议及劳动合同案件。

大概是觉得"无颜见江东父老"，L品牌老板多年来一直都未曾和解总见面，L品牌及其老板的故事也成了化妆品行业里的一个悲剧故事。

而解总是怎么打造植物医生品牌的呢？

一直以来，他不但重视产品品质，而且也很重视渠道，在推广、价格方面也都打下了扎实的基本功，另外还有一个很重要的因素，就是定位——"高山植物，纯净美肌"，这个定位始终是很可靠的。

黄老师讲完这些故事后，在座的人和MBA工商硕士老师都陷入了沉思。

通过黄剑峰老师的故事，我又联想到了另外一个小故事。

1923年，美国福特公司的一台大型电机突然发生故障，停止了运转。为了找出故障原因，解决问题，福特公司几乎把工程师学会的专家们全部请了个遍，但是专家们一连数月，反复"会诊"，却仍然毫无所获，最后他们请来了移居美国的德国科学家斯坦敏茨。

斯坦敏茨仔细观察思索，忙碌了两天两夜后，用粉笔在电机外壳的一个部位画了一条线,说:"打开电机,把这个地方的线圈减少16圈,问题就解决了。"工程师们半信半疑地照办了,电机果然运转如常。

斯坦敏茨向福特公司要了1万美元的酬金。

有人说:"画一条线竟值1万美元?简直是敲竹杠!"斯坦敏茨笑了笑,挥笔在付款单上写下这么两句话:"粉笔画一条线,1美元;知道在哪儿画线,9999美元。"

这个故事虽然时间久远,但它却对我们有着很深的启迪。

斯坦敏茨先生学习掌握先进技术,求真务实地运用在实践事务上,创造性地发现和解决了问题,让我们体会到掌握过硬技术和科学理念的价值。

画线是很简单,谁都可以画,但要知道在哪儿画线才能真正解决问题的本领却是不易掌握的。

解总对5P法则的"画线"也是这个道理。

有关品牌建设发展的理念多如恒河沙数,但是很多人却感到迷雾四处,不知道哪些理念才能真正解决品牌建设发展的各种问题。要想秉要执本,抓住真正要害,必须格物致知,打下深厚的专业基础,具备丰富的实践经验。没有求真务实的钻劲儿、坚持不懈的韧劲儿,不能统揽全局、高屋建瓴,不能透过现象看本质、顺着瓜藤摸真瓜、积累总结经验、量变达到质变,也就不可能把"线"画到"点"上,准确总结出5P法则。

所以,5P法则不是主观臆断,也不是凭空猜想的。而是来自解总的洞察,来自解总创立、领导植物医生品牌20多年来,深度聚焦社会、市场、消费者需求的洞察。

5P法则不是生搬硬套,也不是削足适履的。而是来自解总的总结,来自解总在一步一个脚印地实践中,经过了无数大浪淘沙、泥沙俱下的考验后,来之不易的深刻认识和总结。

5P法则既立足于中国历史文化基本国情和富有活力的土壤，又吸取了世界文明的经典经验，继往开来，与时俱进，是一套完善的新思路、新观点、新理论的科学体系，能够对品牌的发展和建设起到卓效的指导作用，具有很强的可操作性。

如果我们将品牌比喻为企业发展的飞机，那么5P就是品牌的发动机，是飞机的"心脏"。5P不但能为品牌飞行提供巨大的动力，也能为企业的生存发展输送必不可少的氧气和营养。

根据解总的理念，5P法则包括定位、产品、渠道、推广、价格五个方面。

解总强调："这五个方面实际上就是品牌的五个要素，是品牌的基因。"

导图6　DR PLANT植物医生新店面

"就比如人的基因，人只有拥有人类基因组23对染色体才能够成长。再比如植物，对植物来说最重要的是什么？很多人会觉得是阳光、水、空气。那为什么在同样的条件下，植物种子不同，果实也不同呢？为什么很多时候两个种子看起来是一样的，长出来后却是截然不同的种类呢？这些问题的关键就在于基因。"

"品牌建设也是一样的，按照常规的判断，品牌的要素是什么？是人才和资金、市场。但实际上如果没有品牌的基因，只有这三个要素，是不能够成就品牌的。"

那么，品牌的基因是什么呢？

品牌的基因就是品牌最本质的五个元素、最基础的五个方面——5P。

第一个方面（1P）：定位（Positioning）——品牌发动机的启动系统。

我们知道，定位其实就是让品牌能够在消费者心中占据一个独特又亮眼的位置，所以定位要从消费者的视角开始着手，从消费者的立场开始考虑。

消费者面对的市场环境纷繁复杂，信息海量，为了有效便捷地处理好问题，消费者自然会将一切都进行简化。

怎么简化呢？

所有事物先分类别，每个类别再分级别。类别的分法是找不同，级别的分法是分高低。

我们可以想象在消费者心中有一些不一样的梯子。

每一个梯子就代表一种类别。

每一个梯子都有从低到高的很多阶，每一阶都摆着一个品牌名字。

最成功的品牌，就摆在了消费者心中某一个梯子的最上面的那一阶位置。当消费者要买东西的时候，这个品牌就会第一个出现在消费者心中。这个第一的位置也就是定位的目标，有了清晰的定位，品牌才能有效启动。

那么，品牌在定好位后，定位的目标怎么才能得以实现呢？定位的承诺怎样才能得到兑现呢？

这就需要谈到我们5P法则的第二个方面，2P（产品）了。

因为定位的目标和定位的承诺只有产品才能够承载。

第二个方面（2P）：产品（Product）——品牌发动机的燃料供给系统。

一个品牌如果没有产品就等于空中之阁、水中之月。

品牌只有打造出优质的产品，具备基本的燃料，才能有持续的动力跑向目的地。

品牌要想打造出好产品必须过两关。第一关是质量关，第二关是性能关。只有过了这两关，消费者才可能比较完整、顺利地感知品牌的核心价值，认可品牌的消费意义，消费心理才可能得到真正的满足。

植物医生致力于追求产品的高质量、科技的高尖新和服务水平的高水准，以产品的高质量过质量关，以科技的高尖新过性能关。过了这两关后，再以服务水平的高水准，让消费者能够相对完整和顺利地感知品牌的核心价值和理念——坚持为消费者提供最安全有效的植物美肌方案。通过对植物医生产品的使用，对植物医生品牌的了解，顾客能够认识到，植物医生给顾客的不仅是一套化妆品，而且是品牌所推崇的一种更安全、更有效、更健康、更环保、更青春、更美好的生活方式。因为植物医生追求的是让顾客真正感受到最纯净的护肤体验，享受到多重美丽的体验，让顾客真正得到消费心理的满足。

那么，当企业精心打造出了产品（2P）后，产品怎样展现在消费者的面前呢？

从生产者到消费者，从工厂生产出来到消费者买到手，还需要经过一个中间的环节，也就是第三个方面：渠道（3P）。

第三个方面（3P）：渠道（Place）——品牌发动机的点火系统。

世界上所有知名品牌的背后都有一个成熟的渠道。

没有渠道，产品就没有办法卖出去，再好的品牌也无用武之地。

企业在市场竞争中，除了要在产品上不断出新，还要依靠销售渠道不断对外强化品牌意识。

一个企业如果缺乏有效的销售渠道，就算技术研发能力再强、资金实力再雄厚也无用武之地，因为任你把产品做得多么好，如果打不开销路也是徒劳。

其实在生产者忧愁东西卖不出去的同时，消费者又何尝不是在抱怨市场上缺乏自己所需要的东西？

如果生产者和消费者之间，没有一座可以互动沟通的桥梁，生产者为消费者量身定做的产品找不到销售渠道，消费者也找不到所需产品的购买渠道，最终结果会是怎样？

生产者走向破产，消费者的需求得不到满足，形成一种恶性循环。

所以，企业要想长期生存、持续发展，就要不断提升渠道的建设水平，强化整合渠道资源的能力，强化与渠道成员合作的能力。

那么，有了渠道（3P），怎么让消费者在海量信息中知道品牌产品的存在呢？

"酒香也怕巷子深"，好的产品也需要好的推广，没有推广就没有客流量，就没有成交率，也就没有销售额，所以就需要4P（推广）来促成交易。

第四个方面（4P）：推广（Promotion）——品牌发动机的润滑系统。

推广是品牌发动机的润滑系统，它直接关系到产品在市场上的流通是不是顺畅。在更深的层面，它还关系到品牌能不能通过产品流通得到传播。推广得当，不仅能够建立起消费者对品牌的认知度和忠诚度，还能够提高品牌的知名度和美誉度。

在品牌打造过程中，推广是十分重要的一环。

没有推广就没有市场，也就没有消费者。

所以，推广的目的，是将消费者吸引到产品交易的终端来接受产品，进行交易。

然而，推广的目的能不能达到，却与第五个方面价格（5P）密切相关。

第五个方面（5P）：价格（Price）——品牌发动机的冷却系统。

价格是营销中非常重要又非常敏感，难以有效控制的一环，它直接关系到市场对产品的接受程度，影响着市场的需求量，也就是产品销售量的大小以及企业利润的多少。

要想建设好品牌，我们在定价方面，除了考虑成本、期望毛利率、竞争对手价格等各种因素之外，还需要重点考虑"品牌发动机的启动系统"1P品牌定位。

品牌定位（1P）是产品定价的一个重要依据，因为定位决定了产品的目标市场、营销战略和销售利润。

企业若要成功运营品牌，就要以品牌定位（1P）为基础，保持品牌其他四个方面的协调性和一致性，让其他4P围绕定位有的放矢、有效发力，才能不白做功、不乱做功。

在5P中每一P都是不可或缺的品牌要素，所有的要素共同形成了一个相互依存、相互协调的有机整体，这个有机整体是品牌得以持续前行的动力来源，是品牌的发动机。

作为一个有机整体，5P中的任何一个方面，都不能省、不能少，如果其中某一个要素弱化了或者某一个要素过度强化导致其他要素受到抑制了，这个品牌就不可能生存得很长久，不可能成为一个很好的品牌。只有让5P齐头并进、全面发展，品牌才可以成长得很好。

因此，若要打造好品牌，就要始终围绕着5P法则来进行品牌的建设、品牌的运营、品牌的管理，把5P的各个方面都做好做扎实，从而打造出长盛不衰的优秀品牌。

以"笨"制胜
——解读"植物医生"发展之道

老子有句话说:"物壮则老,是谓不道,不道早已。"

植物医生虽然已经在300多个城市布局了超4000家店铺,但是植物医生团队认为,植物医生品牌仍然未步入"成熟"阶段,他们只是基本上完成了品牌发动机5P的建设。不过这也意味着品牌已经具备了一个健全完善的体系,走上了一条健康发展的道路,意味着品牌可以按照一整套科学的、严谨的逻辑开始发展了。

讨巧的品牌都是坑

或许有人心里会犯嘀咕,为什么要把5P作为品牌成功的法宝?没有5P就不行吗?

实际上,如果你想投机取巧,不扎实地做好5个P,那么你将到处踩坑、步步跌跌。

第一个坑:资金坑。

在化妆品行业里面,存在着一个广告的阶梯壁垒,很多人都在这个壁垒前折戟沉沙、节节败退。

比如,我们中国有一些优秀的化学家,他们通过潜心研究也可以发明出一些优秀的化妆产品,但是这些化学家往往没有钱去做广告,而女性朋友也不会主动去接触科技知识,于是这些好产品就"养在深闺人不知",失去了很多的发展机会。所以,很多有识之士都被没有资金做广告这个问题深深刺痛了心。

在这方面，就需要说说雅诗兰黛创始人艾丝蒂劳德的故事了。

艾丝蒂劳德出生、成长在纽约贫民窟，是位犹太移民。她舅舅是一位苦命的化学家，发明了一款非常好的护肤产品。穷人使用的时候，皮肤都得到了良好的保护。艾丝蒂劳德发现后，认为这个产品如果不推销给广大女性朋友的话非常可惜，于是她就像现在一些勤劳能干的女推销员一样，到处去找美容院，沿街售卖。在不畏艰难困苦的努力推销下，她取得了销售的成功，进而和舅舅一起把雅诗兰黛的品牌做成功了。

其实，成功的化妆品企业创业初期基本都经历过类似的艰难，解总也不例外。

但是，很多人只要有一些资本家对其进行投资和广告支撑后，他们往往就不愿意做出艰苦的探索了，开始迷信广告资金了。

比如，有一些化妆品的生产厂家，他们有技术但是销路不行，于是他们就会去找资本。厂家想象的是，通过资本家的投资来打广告，然后把自己的产品宣传出去。但那些资本家，实际上大都不是为了做品牌，而主要是为了资金上面的利滚利。资本家往往会认为：你这个产品真不错，我只要资金一投入，就可以把你这个销路扩大。这种资本家的常规思维很容易就会将人带入一个大坑——资金坑。

举个比较典型的例子，某日化品牌 J 品牌是中国历史最悠久的日化品牌之一，它拥有的化妆品品牌曾经是中国化妆品界的第一品牌。这个品牌的创始人、开山祖师以及他的得意门生子品牌前总经理 W 总，两个人都是优秀的中国化妆品的第一代精英。他们就犯了这种错误，踩进了资金坑。

但凡是化妆品企业，发展的大目标都是要创立一个国际品牌。J 品牌那时虽然在国内已经相当有名气，但是在国际上籍籍无名，要出资请娱乐界大明星还请不起，于是就想去争取投资。当时有两个很强大的资本方为了成为投资方几乎打破了头，最后其中一方获胜，成了投资方，获得了股权。

但是，资本一旦进去后就开始膨胀，以为自己也懂化妆品，就把J品牌的开山鼻祖和子品牌负责人W总给踢出局，自己来运营。结果这个品牌被运营得越来越糟糕，销售额反而下降了，后来请了三位专业人士才勉强维持住，直到现在还是处于半死不活的状态。

这个故事反映出了资本定式思维的一种野蛮性。这种野蛮性，往往导致一个好的品牌到他们手里基本上就会被运作得一塌糊涂。

其实，在化妆品行业里，这种故事是屡见不鲜、层出不穷的。这就给广大的有识之士以警示，在化妆品企业的经营上不应随便找资本，盲目拉资本入局往往并不是好事。

第二个坑：加盟坑，主要是针对连锁化妆品企业而言。

连锁，有直营和加盟等形式，分为直营店和加盟店。

一般的化妆品小企业是很难支撑广告费的，大家都想做大，通常就都会采取加盟的方式，去发展连锁。

因为直营连锁店都属于同一资本所有，各个直营连锁店都由总部所有，由总部直接运营、集中管理。而加盟店的资本是独立的，与总店不存在资产纽带。对企业而言，相较于直营形式，加盟形式由于是利用他人的资金迅速扩大市场占有率，所以它需要的资金相对更少，这同时也是一种打广告的方式，是一个省力的方法。

如果你的商业模式优秀，自身直营店盈利，做加盟尚可。别人加盟后，可按照你验证过的成功模式进行复制。

就如7-ELEVEN店那样，先由直营店盈利后，让加盟店进行复制，这种发展模式按理说是可行的。

但是，有些资本家比较浮躁，有些品牌商也比较短视，他们往往通过批发等生意赚取到几亿元资金后，就大量打广告到处去宣传，称自己的品牌已经家喻户晓，让大家都来加盟，至于怎么持续经营下去，他们自己也不懂。

他们往往通过那些加盟会、招商会进行运作。怎么运作呢？拿奖励来说事。比如，订100万元的货给你奖励一台空调，订1000万元的货奖励一辆车，订了1亿元的货奖励豪华跑车，等等。虽然这种加盟会、招商会的现场刺激很厉害，一度可以吸引很多人加盟，但是一旦到了经营的时候，由于直营店没有成功的示范，加盟必然也就做不好了。长此以往，品牌很快就会"崩盘"，根本不可能持续发展。这个故事是发生在同事一个朋友身上的亲身经历，他自己没有开直营店就跑去找人加盟，最后全军覆没、一败涂地。

但是，解总就不一样了，他一开始就是开直营门店，尝到了门店所有失败的滋味，各种各样的风险他都有办法解决，由此加盟店就可以从中学习，吸取失败的教训，吸收宝贵的经验，从而避开弯路与错路，进行成功的复制。

第三个坑：广告坑。

有些企业有着"广告万能"的错误思想，片面地认为只要广告做好了就会有市场，却忘记了产品、技术、管理等其他配套措施的紧密协调。

比如，某品牌创始人W总曾有一句名言：如果他的利润达到1000万元，他就敢做2000万元的广告；如果他的利润达到2000万元，他就敢做一亿元的广告。他甚至在一线城市的地标性电视塔上做了一年的巨额霓虹灯广告，投入极大，随后在互联网上也投入了大量的广告资金。但是他过于注重大规模的广告，却忽略了综合营销、市场网络建设，比如怎么对企业营销人员、各级批发商、零售商和消费者的利益点进行分配，怎么整合、平衡、协调他们之间的关系，等等。所以尽管品牌形成了一定知名度，也有了买方市场，但是他却过于依赖巨额广告费的投入来维持正常的销售，以至于最后资本出现问题，造成了财务危机，公司也就不得不挥泪卖掉了。

这种陷入广告坑的现象并不少见。20世纪90年代，某著名的保健食品品牌因为独特全面的功能和海量的广告投入，曾经形成了不小的买方市场，但由于自己的销售网络建设没有跟上，所以当假冒伪劣产品出现、不正当竞争产生时它却毫无招架还手之力。

某个著名冰箱品牌电视广告风生水起，销售服务却奄奄一息。在福州的很多家电柜台前只看得到样机，却连说明书都找不到，投入的大量广告费得不到有效的销售延伸，于是就像是烧水烧到99℃时就没水了，所有燃料都等于斧头劈水——白费力气了。

第四个坑：专家人才坑。

主要是指一些土豪出身的化妆品品牌，经过一段时间发展后，认为自己的文化不足以领导一个大品牌，所以就请世界五百强的一些高管空降过来，或者是请一些行业里面的权威人士。聘请他们做什么呢？要么就是进公司管理，要么就是听他们的参谋。

品牌是需要艰苦的创造、劳动后一步步累积起来的。而一些很成功的五百强企业空降的高管，他们在五百强企业行之有效的理念和经验，往往并不适用于创造期品牌，对于创造成长期品牌来说缺乏建设性，所以这里面就形成了坑。

一个比较著名的案例，宝洁公司有很多人才，空降到了上海某个大化妆品企业里，但是由于理念缺乏建设性，所以"蜜月期"没过多久就分手了。这是专家人才坑的一个典型代表案例了。

第五个坑：多品牌运作坑。

多品牌运作的主要问题是精力容易分散，导致杂而不精，什么都能做，但什么都做不好。

本土化妆品企业常常陷入多品牌运作坑，一个品牌还没有做好，就开始做其他品牌，实际上同一个路径很难再打造出另外一个品牌，这样往往会导致同质化现象非常严重。而且由于同样的渠道和推广方式、类似的定位会大量消耗自己的资源，所以最终的结果就是一个都做不好。

解总原本也是有很多品牌的，但是后来他宁愿集中资源打造一个品牌，让这一个品牌盈利，也不愿多做几个品牌、杂而不精。品牌打造需要聚焦专注——这是他在多年的发展之路上总结出来的宝贵经验。

固然，多品牌可以讨好资本，向资本讲出类似欧莱雅和宝洁那样的多品牌故事，但是这样的故事却打动不了内行。因为内行都知道，这些欧美化妆品集团的多品牌基本都是靠收购，同一个文化基因是很难创造出第二个品牌的。我们国内民企的多品牌基本上是同质化的产品与文化，只是换上了不同的商标，而且大多数是靠山寨起家，如果再造出一堆小山寨，很难发展成独立的品牌，还会拖累原创品牌，结果也就可想而知了。

一个品牌的成功需要付出各方面的努力，而一个品牌的失败却往往只需要掉进一种坑里，更要命的是在品牌的建设路上还远远不止一种坑。

所以，要想做好品牌，就要不讨巧、不要滑，抱诚守真、锲而不舍地践行5P法则，有清晰的定位，注重产品研发，有属于自己的渠道，有合理的价格，传播方式不过度依赖某个媒体，更加依仗的还是口碑传播——这些是植物医生一以贯之信奉的"笨"精神，是植物医生26年沉淀的体会和经验，也是植物医生的初心和坚持。

5P之一1P（Positioning）
定位，唯一胜于第一

不失其所者久。

——摘自《道德经》第三十三章

以"笨"制胜
——解读"植物医生"发展之道

定位是方向

定位这件事，解总思索了许多年，探索了许多年，也酝酿了许多年，积累了许多年。

有很多品牌对定位并不重视，甚至没有将其纳入品牌战略，但是解总从一开始创业就十分重视定位，用了很长的时间以厚积薄发。

定位究竟是什么？为什么解总对定位如此重视？

定位，实际上就是确定品牌在消费者心里的位置。一个品牌，不管是要确定自己发展的方向，还是要确立自己在市场的地位，说到底都是为了在消费者心中留有重要位置。

《道德经》上说："不失其所者久。"意思是一个人只有处在合适的地方，没有失去自己的理想信念，他的精神才会长久。应用在品牌上，就是指，只有定好了在消费者心中的位置，清晰了方向和目标，品牌的发展才会长久。

但是，在信息爆炸的今天，信息无涯、产品无数，消费者心中有多少空间可以占据呢？

根据调研统计发现，生活在大中城市里的人，平均每人每天会接收至少上千个以上的广告信息，如果在七秒钟的时间内，产品信息还不能够吸引消费者使他们产生兴趣，那么企业的广告费其实就是白费。

人的注意力是有限的，记忆力也是有限的。大家都记得世界最高峰是珠穆朗玛峰，但第二高峰是什么又有几个人会记得？

根据心理学家的测试，一个人最多只能记住七个品牌的名称，对于不感兴趣的最多也就一两个。也就是说，如果你的品牌并不能吸引消费者的注意力，不能留存在消费者的心里，那么即使品牌打了广告，也很容易在信息的海洋里被淹没，根本无法让消费者注意到。

所以，定位是品牌成功的关键。

国外化妆品企业就十分重视定位。

比如，宝洁公司通过不同品牌功能或者档次的价格差异进行定位。海飞丝注重去屑，伊卡璐强调草本精华，沙宣突出头发护理，潘婷关注乳液修护，飘柔着重柔顺。各个品牌的定位都经过了精心的策划谋定，都力求凸显出本品牌的某种独特点，突出别具一格的形象，从而在消费者心中形成深刻的印象。

欧莱雅集团也一直非常注重研究定位，想方设法地通过给旗下品牌进行定位来占有不同的细分市场。欧莱雅对旗下500多个品牌，按层次将其分为顶级品牌、二线、三线或三线以下品牌，按功能分为护肤品牌、彩妆品牌、药妆品牌、香水品牌和发用品牌。

欧莱雅通过将层次划分和功能细分结合起来对品牌进行清晰的定位，不仅避免了品牌混淆、产品竞争，而且尽可能地覆盖了不同的细分市场，阻挡了相当一部分竞争对手切入某一个细分市场。

但是，目前国内不少化妆品企业，对定位却还处于一个云里雾里、糊里糊涂的认识状态。

因为他们缺乏对自身企业和市场内外环境的了解和分析，不知道自己的优势是什么，也不知道品牌的特色是什么，没有明确的发展方向，哪里热闹往哪里凑，什么产品流行做什么产品，这就导致很多国产化妆品在市场上都是昙花一现，很快就成了过眼云烟。

以"笨"制胜
——解读"植物医生"发展之道

在市场竞争越来越激烈的当下,能不能让自己的品牌具有独特的个性、良好的形象并留存在消费者心中,直接关系到品牌建设的成败。

正是因为定位的重要性,一旦定错位,方向不对,所有努力都会白费,所以解总没有轻易下决定,而是高瞻远瞩,高屋建瓴,全盘考虑,精准出击。

解总最初的定位,是一种模式上的创新。

2004年,他的化妆品门店叫"量肤现配"。量肤现配是区别于一视同仁模式的创新型化妆品配制方法,它提倡的是因人而异、因肤而异的化妆品配制理念。由专业美容顾问根据顾客不同的皮肤特点来搭配最适合的产品。顾客可以亲眼看到适合自己的系列化妆品,在进行科学搭配组合后诞生的整个过程。

由于解总是位非常勤学、注重自我提升的人,在早期经营的过程中,他发现天然的植物系产品对改善肌肤问题有着非凡的效力,所以他在这方面进行了长期的钻研,在植物学上的造诣相当深厚,自然地,企业在产品方面也就很注重对植物系产品的打造和挖掘。

那时的门店,地面颜色是象征大森林、青草地的绿色,产品也以天然植物系为主打。专业美容顾问穿着白大褂,针对每个人不同的皮肤特点,给顾客量肤现配。

由于量肤现配是专业的美容顾问和消费者面对面沟通,进行系统、完善的肤质诊断、分析所制订出的"对症下药"的护理计划,顾客使用的都是适合自己的产品,效果自然也就更显著,所以受到了不少女性的青睐。

2014年,植物医生作为中国化妆品行业单品牌店领域悠久的品牌却在逆势生长。年销售额已达8.9亿元,同比增长达到了74.5%,门店数量从2013年的968家增加到2014年的1432家,店铺量增长率达到了48%,可谓"踏遍青山人不老,风景这边独好"。

然而，也是在这个时候，植物医生进行了全新定位。当时很多人都不理解，觉得这样风险很大，认为植物医生业绩正持续增长，发展如日中天，完全没有必要冒风险进行这种不必要的"蜕变"。

有朋友说，这种"蜕变"，成则化茧成蝶，败则倒在黎明前的黑夜。

其实，当时一些同事的心中也不是没有过忐忑，但是在充分了解全新定位的初心和目标、内涵后，更多的是对前方的向往、对未来的期盼，以及在日新月异的天地里进取的勇气。因为大家心中有一个根深蒂固的信心来源，就是植物医生坚持了20多年始终未曾改变过的，对消费者需求的洞察，以消费者的需求为先。

在当今全球化时代，企业的内部条件和外部环境都在发生着剧烈的变化。在中国的品牌市场，进口品牌与国产品牌竞争的态势本就非常复杂。近几年，市场竞争更加趋于白热化，线上线下，硝烟弥漫。在化妆品领域，中国在全世界范围内早已是化妆品消费大国。国外进口品牌一波一波进入，几乎无一遗漏地抢占大陆，夺走了80%以上的市场份额和绝大部分利润。本土企业品牌大都处于中低端市场，仅占销售额的6%~7%，生存维持艰难。这些年，随着国外品牌不断进攻中低端市场，国产化妆品品牌市场竞争越发严峻，不时就会有国产品牌从市场上消失或者被国外品牌吞并。

在这样的品牌乱局中，虽然植物医生的业绩在不断增长，规模在不断扩大，但是解总却从未失去忧患意识。他清醒地意识到，渠道创新的优势只是阶段性的，而从消费者需求出发建立起来的增长态势，也让他很清楚地知道，随着经济的发展和市场环境的变化，顾客的消费观念也会发生变化，也就是说，顾客的偏好和兴趣点是会随着时代的变迁而发生改变的，要想建立持久的品牌优势，就一定要在消费者的心中占有一席之地——确定品牌在消费者心中的位置。

那么，怎样才能实现这个目标呢？

解总的答案是，依靠品牌的根进行定位，品牌如果有根的话，即使一刀砍断也还是会再长出来的。

就像有根的竹子，即使一刀砍去之后也还是会新竹成林、枝繁叶茂。而竹子一旦开花，却"物壮则老"，生命力将要枯竭，为此就要去掉开花之竹，适当砍去老竹，中耕和追肥，才能让竹林重新焕发生机、长期苍翠茂盛。

所以，我们相信，有着扎实根基的植物医生，进行品牌定位的调整是有把握成功的。

2015年，植物医生的品牌定位正式确立为"高山植物，纯净美肌"。

为什么是高山植物？

这源于植物医生对顾客需求的深刻洞察。

中国作为仅次于美国的全球第二大化妆品消费国，人们已经进入了一个普遍使用基本护肤品的阶段。

随着生活水平的不断提高，化妆品市场保持稳定增长，从未出现过停滞或负增长的情形。而随着人们对生活品质要求的提高，大家对安全、健康、优质化妆品的需求也"水涨船高"，追求化妆品的自然、绿色、无害，已经成为国内越来越多消费者的共识。

其实这种共识从植物医生品牌建立之初，就被作为品牌基因、品牌理念和品牌原则保存了下来，并且不断进行深化与强化。

什么样的化妆品无害、自然、绿色呢？

最为无害、自然、绿色的莫过于天然植物。

但是，植物的特性、活性成分等各不相同，什么样的植物对皮肤而言是安全、健康、有效的呢？

植物医生在进行了深入调研后，发现了宝贝——云南无农药、无化肥的高山植物。

我们知道，长期摄入残留或超标农药的食物，虽不能直接危及人体健康，但却可以引发慢性中毒，触发多种慢性疾病，降低免疫力，干扰人体内激素的平衡，影响生命安全。另外，不同种类的农药混合后还会出现"鸡尾酒"效应，也就是加性或协同效应，这种效应对人体的破坏，比任何单一化学物质所起到的作用还要大，但是很多人对其产生的健康影响却知之甚少。

而化肥对健康的影响主要有两方面：一是硝酸盐含量高可能会引起高铁血红蛋白血症；二是硝酸盐、亚硝酸盐是强致癌物质，亚硝酸胺的前体，可诱发消化系统癌症。

农药化肥对人体健康的危害都会导致人体最大的器官——皮肤，出现种种问题，比如过早松弛、多生皱纹、灰暗无光、浮肿红肿、红疹、过敏等。

化妆品虽不像食品一样被直接食用，但是它对皮肤的作用却是直接的，它直接与皮肤接触，直接被皮肤吸收。如果化妆品原料农药化肥超标或残留，肯定也是不够安全、不够健康的，会伤害皮肤，形成问题肤质，在这样的情况下，何谈好的护肤美肌效果呢？

但就算是无农药、无化肥的植物，它们之间的生物特性、内在活性成分也是有差异的，所以这也导致了它们之间的原料价值和护肤效果也是有差异的。

什么样的植物，既无农药、无化肥，活性成分又很好，护肤效果卓越呢？

高山植物。

根据科学家长期研究发现：高山环境海拔高、光照强、昼夜温差大，很多植物都生存不了。适者生存，能生存的植物都有着更高的活性，抵抗紫外线辐射的能力更强，植物体内主要器官中的次生代谢物质累积更多。

而植物次生代谢物质如生物碱、皂苷、黄酮、芳香精油等都是天然植物药的主要来源,这些植物的天然成分应用于药物、皮肤护理和化妆品制造中,有非常高的价值和前景。

而且,在环境污染日益严重的现代社会,高山植物的健康价值更是难能可贵。高山环境不仅空气清新、负氧离子含量高,还是水土的源头,各种环境指标和安全系数都高居榜首。在这种清洁环境中生长的可用植物,是十分安全和健康的,特别是野生于高山森林、草地和灌丛的各种植物,没有任何农药、化肥和激素的影响,所以自然也就成了发掘护肤美容植物

图1-1 云南白马雪山

的宝地。

全世界的高山有不少，高山植物更加丰茂，哪里的高山植物尤为优秀呢？

云南。

这也是科学调研得出的重要结论。

云南地势北高南低，南北之间高低悬殊达到了6663.6米，大大加剧了因纬度因素而造成的温差。高海拔、大温差，使得云南的植物不仅无污染、光照充足，而且具备了更高的活性价值。

所以，云南高山植物是化妆品尤佳的取材之地。

这也就是为什么上市公司白云山、云南白药、金陵药业、昆明制药等这些著名中药公司，几乎都将GAP种植基地选设在云南的原因所在（GAP基地就是国家GAP管理部门认可的规模化、药用动植物养殖、种植基地或是加盟于同类相关中药材专营企业的基地，也是制药集团制药原料供应地）。

正是由于云南高山植物具有得天独厚的取材价值，全球各大公司早就窥望已久。

比较典型的就是咖啡，雀巢公司出品的小粒咖啡大多取自云南。此外，云南高山其他很多药用植物，也是国际化妆品公司一直梦寐以求的资源。而掌握云南高山植物各项研究成果的权威机构，全世界只有一个——中国科学院昆明植物研究所。

解总慕名找到了中国科学院昆明植物研究所的裴盛基教授。

裴盛基教授是我国民族植物学学科的创始人，对高山植物非常有研究。

早在20世纪50年代，裴教授就开始了植物利用与研究工作，历任中国科学院西双版纳热带植物园园长，云南热带植物所所长，昆明植物研究所副所长，国际山地综合开发研究中心资源环境部主任，世界自然基金会

以"笨"制胜
——解读"植物医生"发展之道

国际技术顾问,国际民族生物学会主席等职务。

图1-2　DR PLANT植物医生首席科学家裴盛基教授

裴盛基教授是国内用科学方法系统研究少数民族本土环境与植物知识的第一人,他发表的《西双版纳民族植物学的初步研究》是我国第一篇民族植物学论文,获得了民族植物学家协会最高奖——"哈什伯杰奖"和"美国东西方研究协会杰出奖"。他先后在国内外发表论文200多篇,出版专著18部,自1978年以来先后获得10项国内科研成果奖。

作为中国民族植物学的创始人和泰斗,裴盛基教授真正进入美容护肤行业可以追溯到20年之前。20年前,裴盛基教授尚在尼泊尔加德满都国际产品中心工作。久慕裴教授之名的英国美体小铺(The Body Shop)由中国香港总部出面,在尼泊尔加德满都跟裴教授约好后,趁着裴教授回国的时候来找裴教授,请教裴教授关于中国民族植物里哪些植物对人体皮肤护理方面比较有功效等知识和技术问题,在裴教授的指导下,他们进行了相关产品研发。在国外工作了8年多的裴教授于2000年回国后,一些法国公司也慕名前来拜访了。因为想要找到具有神奇功效植物资源的他们知道，中国是世界上植物资源最丰富的国家之一，而在中国，民族植物研究与利用的创始人和泰斗就是裴教授，所以他们都纷纷前来登门拜访。比如，欧莱雅、香奈儿，还有欧莱雅和雀巢公司联合成立的一家专门致力于皮肤科药物的研究和生产的制药公司法国高德美制药公司，以及日本的花王，等等。裴教授与英国、法国、日本的这些国际大牌公司合作了约20年，这些品牌对裴教授及其团队的研究方法、科学的严谨性和产生的结果都非常满意。

而裴教授在与国际品牌合作的长达20年的过程中，虽然申请了很多专利，专利上也有裴教授的名字，但是专利的使用情况，裴教授却一点儿都不知道。

不过，裴教授很清楚的一点是，化妆品企业的发展，有两个必不可少的重要支撑，一个是原料，另一个就是知识技术，二者的科学结合就可以变成一个很好的产品。但是，彼时，在2000年前后，中国化妆品市场基本上是被法国、日本、韩国等品牌占领的，中国的民族品牌很少。所以，2015年12月，裴教授在和解总于中国科学院昆明植物研究所的第一次合作会议上就讲了这么一句话，他对解总说："我们中国有丰富的植物资源，有五千年的优秀文化，所积淀下来的传统植物的知识在护肤方面有独到之处，但是这两方面结合在一起并没有变成一个产品，没有变成生产力，而是替国外去提供这些资源、这些信息，最后被国外赚走我们中国人的钱，我们太不合算了，我们应该有自己的民族护肤品企业，有自己的民族护肤品品牌，应该有自己的民族护肤品产品，让中国人用上自己的民族品牌，所以我早就渴望有一个民族品牌出来，这个是我的一个初衷。所以你们来了我感到非常高兴，我本来是到处去寻找民族品牌，但是一直没找到，而现在终于有一个中国民族品牌的护肤品企业来找我们了，我觉得这个是好事情。"

解总也说道："现在中国化妆品市场是全球增长最快的市场，本土品牌分散且乱象丛生，外资依靠品牌地位越来越集中地控制中国化妆品市场，因此中国需要有真正让消费者信服的民族品牌站出来。"

在一番沟通后，裴教授欣慰地发现两人的理念高度合拍，裴教授愉快地决定，将他大半辈子潜心研究的高山植物成果，拿出来和明弘科贸（北京植物医生生物科技有限公司的曾用名）进行深度合作。

2014年，中国科学院昆明植物研究所和"植物医生"正式决定成立"中国科学院昆明植物研究所植物医生研发中心"，裴教授本人也被聘请为品牌首席科学家。

从那以后，植物医生就与中国科学院昆明植物研究所研究团队展开了深度的合作，致力于高山植物产品资源的有机种植、提取和美容功能开发；裴教授手把手教导的中国科学院杨立新博士曾踏遍云南12个纳西族社区，共收集、整理了181种纳西族护肤植物及其传统知识、证据标本，经过筛选后，对13种纳西族护肤植物的25个植物样品和提取物，进行了皮肤护肤品活性测试。结果显示，表现出较好活性指标的植物，全部来自高海拔3500米左右的分布范围。

中国科学院昆明植物研究所植物医生研发中心的科学家们，以尖端科技手段萃取天然纯净安全的活性高山植物成分，确保每一件产品都"源自高山植物，天然纯净美肌"。

2015年4月16日，解总创立植物医生以来，罕见地召开了300余家媒体云集一堂的新闻发布会。

在这次新闻发布会上，植物医生发布了一款"兰花润颜面膜"新品，随着新品的发布，植物医生品牌全新定位的序幕也正式拉开了。

于是，大家纷纷聚焦植物医生品牌，因为植物医生是国内首个以高山植物作为主打产品的化妆品连锁品牌,同时也是高山植物科学研究权威机构,中国科学院昆明植物研究所唯一选择合作的护肤品牌,而"兰花润颜面膜"就是植物医生和中国科学院昆明植物研究所研发的第一款明星产品。

"高山植物,纯净美肌"——植物医生的全新品牌定位浓缩在了这八个字里面。这个品牌定位是基于"致力于高山植物护肤研究,让人更美丽、更年轻"的植物医生品牌使命而确立的,它不是对一个产品的定位,而是对品牌整合资源的集成价值的定位。它既明确了品牌成长方向,也明确了品牌战略决策。它既是战略导向的基准,也是资源整合的焦点。围绕这个独具特色的定位,植物医生的发展方向十分明确——在中国科学院昆明植物研究所设立高山植物护肤研发中心,在丽江建立中国海拔最高的化妆品高山植物种植基地,从研发与原料领域抓起,实现"原料种植—专业研发—加工生产—自有品牌—专卖服务"的高山植物产业链闭环。

围绕这个定位,植物医生的产品即使在包装设计的细节上,也具有了明确的方向。

品牌中心副总于文泽分享道:"我来公司第一次培训的核心内容就是'高山植物,纯净美肌'的品牌定位。在后续的包装设计工作中,解总一直强调这点,定位是植物医生与其他品牌最重要的区别,是我们确定的方向。我们产品包装中的应用,我们所有的设计语言、文案表述与表现形式都要一致,突出定位。在外包装的设计中,会着重突出高山植物,同时突出中国科学院昆明植物研究所植物医生研发中心,让消费者了解我们的产品由来。"

图1-3 中国科学院昆明植物研究所DR PLANT植物医生研发中心部分科研人员合影

独一无二的定位，独一无二的科技和资源优势，让植物医生的产品功效和品质都得到了很好的保障。依托这些优势，加上有效的战略布局，植物医生的品牌也获得了更快速、更卓效的发展。

通过对品质的优化，对性价比爆品（销售火爆的产品）的打造，植物医生2016年上半年爆品销售占比超60%。这些在市场上热销的各个系列产品，都出自中国科学院昆明植物研究所"植物医生研发中心"的研究转化，其中高山植萃冻干粉系列不仅开创了专卖店售卖先河，更做了品类创新，上市不到2个月销售占比就已接近8%。

自"高山植物，纯净美肌"全新定位以来，植物医生蝉联多项年度评选榜单的榜首，成为业内公认的最具影响力的国产护肤品牌之一，成功赢得了顾客对品牌新定位的认同，在顾客心中拥有了出类拔萃的位置。这个基于消费者心中深切需求的定位，独特而清晰，给植物医生提供了明确的努力方向，为植物医生的发展插上了腾飞的翅膀。

5P之一1P（Positioning） 定位，唯一胜于第一

定位是方向，也是灯塔；是基石，也是里程碑。对植物医生是如此，对其他品牌也是如此。在化妆品行业是如此，在其他行业也是如此。所以解总在参加上海"如何突破美容、化妆品专营店升级迭代"主题的专题论坛时强调说："最强大的商业力量是定位的力量。"

方向对了，剩下的就是"笨笨"的坚持

一个品牌不仅是要让消费者知道，更重要的是要让消费者发自内心地认可。

能吸引眼球的，未必能吸引心灵；能吸引心灵的，却一定能长久地吸引目光。

品牌的建设，不是一个短线过程。

短时间内建设的品牌不是完全意义的品牌，最多只能算一个半成品的品牌胚胎，根本无法承载一个完整的品牌本应具有的企业文化内涵和价值系统。

能够让消费者发自内心认可的品牌，具有完全意义的品牌，只有经历过5P法则——定位、产品、渠道、推广、价格五个方面系统而合理的运作后，才能打造出来。

其中，定位是第一步，定好位，决定好方向后，就需要"笨笨"的坚持来"剩者为王"。

26年来，植物医生就是以"笨笨"的坚持，登顶行业权威榜单，成为

中国行业单品牌店的龙头,获得行业内外的广泛好评。

一、"笨笨"的坚持,是坚持生产出让消费者放心信赖的优质产品

品牌的根本,是产品的品质。

植物医生一向把产品品质作为最重要的追求,从产品的原料到包材等都尽力做到更完美,力争每一个细节都能给消费者带来更好的消费体验。

出于对消费者负责的宗旨,植物医生对所有产品的品质要求,都以安全为首,其次就是加强功效。

对于品质的追求,植物医生从来都很舍得投入,就算是辅助原材料的采集,也全部来自世界一流供应商。同时,植物医生特别注重在高科技条件下推出产品,积极与法国厂商合作,通过日本一流的品控技术,为消费者生产出放心可信赖的产品。

植物医生"保障消费者最大利益"的品牌追求,不仅加深了消费者的信赖,也赢得了业内的心折首肯。

一直以来,植物医生都视科学研发为产品品质的基础和保证,是产品功效的核心支撑和力量源泉。

所以,植物医生始终将研发放在品牌发展的重要战略位置,并持续加大研发投入。

植物医生与中国科学院昆明植物研究所联合成立的"植物医生研发中心",深耕高山植物护肤科研,由中国民族植物学创始人、植物医生首席科学家裴盛基教授,带领数十位中国科学院昆明植物研究所的研究员,运用现代基因技术解密高山植物独特的护肤功效。

在北京总部,植物医生设立了"亚太皮肤科学研究所",专门研究亚洲黄种人皮肤特性、皮肤需求及应对护肤方案,为亚太消费者提供高科技的高山植物护肤方案。

在日本东京，植物医生成立了"汉方护肤科学研究中心"，应用中国传统汉方仙草精粹，专门研究日本消费者喜爱的中国护肤产品，为品牌研制符合日本市场需求的产品。卓有成效的科学研发，也为植物医生成功进驻日本这一准入极为严苛的国际美妆市场，提供了强大的推动力。

在广东顺德，植物医生建立了"透明工厂"，内设面积达1.3万平方米的研发中心，这是全国最大的单品牌化妆品研发中心，在全球也名列前茅。

在研发团队的不懈努力下，截至目前，植物医生已累计获得了21项高新产品技术认证以及33项专利，是目前我国唯一一家获得"北京中关村高新技术企业""广东省高新技术企业"双认证的护肤美妆用品品牌，开创了业内高新技术企业"双认证"先河。因此我国轻工业联合会特向植物医生企业及科研带头人颁发了"科学技术进步奖"。

图1-4　DR PLANT植物医生获"高新技术企业"认证

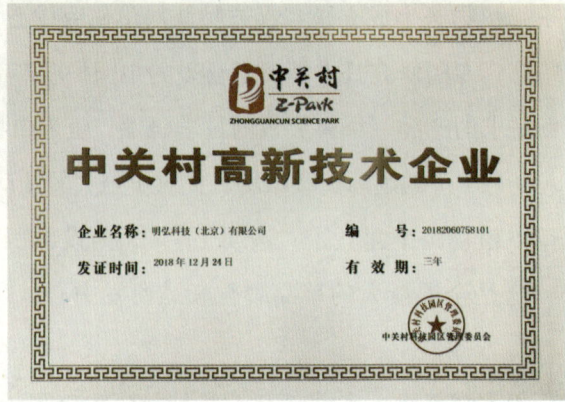

图1-5 DR PLANT植物医生获"中关村高新技术企业"认证

图1-6 DR PLANT植物医生专利技术成果墙

二、笨笨的坚持,以消费者的需求为重

植物医生从品牌创立之初开始,就高度聚焦消费者的需求,积极发展会员营销。

为了更好地满足消费者需求,植物医生不但始终追求为消费者提供更为放心可信赖的产品,也积极为消费者提供先进的量肤现配式的服务。

与我们日常所熟知的4大肌肤类型(中性肌肤、油性肌肤、干性肌肤、混合性肌肤)相区别,植物医生将肌肤进行了精细化分类,特别关注了12类肌肤的细微差别，分别设置了相对应的产品系列和护肤方案，真正做到了科学的量肤现配。

在量肤现配的基础上，植物医生又启动了"千人千面"计划，为每一位会员推荐最合适的内容和护肤方案。

从因地制宜走向因人制宜，植物医生营造的"场景"不只在实体店内，还来到了消费者的身边。

为了给消费者更好的消费体验，植物医生26年来的崛起历程显得有些另类——与大多数国产品牌发展历史不同的是，很少有电视广告的身影。植物医生不依赖铺天盖地的高空广告，而是将大量的广告资源都投入到现有会员的产品服务体验上。虽然在"酒香不怕巷子深"的当下，植物医生也会顺应形势，适当进行宣传，但其始终都是依靠优质产品、周到服务和良好信誉来取胜，依靠人际传播，实打实地让名声口口相传。植物医生的主要精力始终都在真和恒的"笨"功夫上。

为了给消费者更好的消费体验，植物医生从2006年就开始了大数据战略，每家植物医生门店都配备了店务通，服务器机房规格维持在奥运会级别的机房规格并定期升级。

正所谓"投桃报李"，植物医生对消费者需求的用心相待、披心相付，也精诚所至，金石为开，得到了广大消费者的信赖和青睐，所以植物医生的会员规模目前已超过了1000万人，品牌对会员的信息包括会员的消费习惯和皮肤状况等都非常地了解。了解是服务的基础，能更用心地去了解消费者需求，服务和销售也就更能有的放矢。多重并举之下，店铺会员的黏性、复购率也得到了不断提升。

植物医生以消费者为先、以消费者需求为重的这一点，也跟华为总裁任正非一贯的观点不谋而合，"你给客户满意的产品，他们付钱养活你。华为走到今天，就是靠着对最终客户需求宗教般的虔诚和敬畏，坚持把对客户的诚信做到极致"。

解总曾经用莎翁的故事来和团队成员讲道理:"莎士比亚之所以流传千古,是因为他经常讲学、辩论?还是因为他本人撰写了诸多可歌可泣的剧本呢?"这个问题的答案,显而易见是后者,塑造品牌也是一样的道理。

品牌之所以能称为"品牌",不是靠广告狂轰滥炸,也不是靠老板本人口若悬河,而是在于坚持为消费者提供优质的产品和体验,坚持以消费者为先,以消费者的需求为重,这个品牌才具有了推广的基础。

在26年沉淀中琢磨钻研一件事并且坚持去做好并不容易,在如今"快鱼"风行的年代更不容易。

但是,只要方向对了,"笨笨"地坚持下去,终将"剩者为王"。

因为,打造品牌从不缺少豪言壮语,却很缺乏真挚与诚恳、耐心与执着,几十年如一日地去坚持做好。

唯一胜于第一

如果你询问自己身边认识的女性,她想成为爱人的第一,还是唯一?

每个女性都会告诉你,当然是唯一。

因为第一后面还有第二、第三,还有后来者,只有唯一,无可替代。

创品牌也是如此,你希望自己的品牌成为消费者心中纠结再三、反复摇摆的第一,还是斩钉截铁、不可替代的唯一?

对这个问题,品牌营销大师里斯在《品牌之源》一书中的答案是:

"品牌营销的最终就是要霸占消费者的全部心智，做他们的唯一。"

唯一，才是品牌建设的根，是品牌建设的本，是企业的核心竞争优势，是品牌做好的关键。

消费者接受一个品牌，本质上是接受适合自己的品牌唯一性。

品牌的唯一性，自带极高的辨识度，能建立品牌鲜明的个性，给消费者留下深刻并且良好的印象。

品牌的唯一性，传达产品的属性和功能，成功传递品牌价值，明确品牌目标消费人群，促进目标消费者的信赖。

品牌的唯一性，让企业在市场中明确自己的定位，从而在目标消费者心中占有一席之地。

一个企业要想自己的品牌被人们记住、被受众认可，就一定要从行业共性中寻找自己的唯一个性，也就是要挖掘产品的亮点，发展品牌对市场和消费者提供特殊价值的能力，否则就很容易深陷产品同质化的泥沼，扼杀品牌的生命力。

前几年韩妆正火时，国内出现了一波蹭韩流热度的品牌，一些品牌名都蹭着热点起了个"韩"字，但那都只是东施效颦，只是名字亲"韩"。

我们还可以看到，在同类的服装品牌中，绝大多数品牌不管从款式、结构、造型还是从面料、色彩方面都没有什么明显的区别，同质化严重。

比如，同品类的产品 EXCEPTION、EIN 和 ICICLE 三个女装品牌，都是都市知性女性的目标品牌，虽然个性元素有所区别，但店铺设计却如出一辙：简约的整体风格，朴素的木质建材装饰，自由随意的商品陈列方式等，如果你不看品牌 Logo 几乎就没办法区别它们。

不仅服装行业是这样，很多行业也都面临着同质化严重的问题。不管产品性能、外观，还是营销、文化，很多企业都在互相模仿、抄袭，所以就导致了一个什么情况呢？——品牌在市场中缺乏应有的辨识度。每个产品都显得毫无特色，与其他产品没什么差异。

在这种情况下，很多企业往往选择进行价格战，但这是非常不明智的，因为价格战不仅会削弱自己的财力，恶化市场环境，也会使消费者深受其害、创巨痛深。当价格低于成本，企业要想不倒闭就只能在原材料或制作工艺上偷工减料、偷梁换柱，结果就是产品质量无法保证，大量的假冒伪劣、山寨次品充斥市场，产品服务也无法到位，使得消费者的利益"伤痕累累"，购买体验也变得"一塌糊涂"。这时候，企业不仅面临消费者的谴责投诉与关门倒闭，严重者还很有可能因触犯法律而面临法律的制裁。

所以，同质化就是长在跟风公司身上的"恶性肿瘤"，最终夺取了它们的性命。

"没有特点不叫品牌。"——解总的微博更新并不频繁，但这句很有分量的话，静静地传递着他的品牌基本理念。

解总认为，工业化时代席卷全球后，有些个性化需求也许暂时隐没在了洪流中，但这并不代表它消失了。化妆品就是典型的个性化产品，因为每个人肤质不同，需求必然也就不同。

由于植物医生始终坚持把消费者的需求、将产品品质放在最重要的位置，追求"大家好才是真的好"的共赢，所以植物医生品牌从来不参与价格战，一直追求科技创新，避免同质化竞争。植物医生深知，同质化竞争、价格战及其导致的消费者与企业之间、企业与企业之间的共输后果，与植物医生所坚持、所追求的共赢结果完全背道而驰。

所以，植物医生强调唯一胜于第一，致力于建设品牌的"唯一"，于是也就成为一个拥有种种"唯一"的品牌——

唯一从2009年起就设立德育助学金资助优秀大学生的化妆品品牌。2013年，植物医生德育助学奖下，颁发数量达到了15所，每所大学的5名优秀大学生均可获得奖金1万元整。植物医生希望在他们前行的道路上助其一臂之力，将爱心持续传递。

图1-7　DR PLANT植物医生德育助学奖四川大学颁奖典礼

图1-8　DR PLANT天津大学植物医生德育助学奖颁奖典礼

唯一与国家级科研团队深入开展高山植物研究，以高山植物为护肤品原料，为肌肤提供最纯净有效的美肌护肤方案的品牌。

唯一建有高山植物种子研究基地的品牌。

唯一联合中国科学院昆明植物研究所启动"让肌肤年轻 20 岁"重点科研项目的品牌。

图1-9　DR PLANT植物医生联合中国科学院昆明植物研究所启动
"让肌肤年轻20岁"重点科研项目

唯一与中国科学院昆明植物研究所植物学家裴盛基教授一起,联合多方力量启动"生物多样性—高山植物保护行动"公益项目的品牌——这也是裴盛基教授最感欣慰的一点,对裴教授来说,中国科学院昆明植物研究所与植物医生合作最大的价值和意义,不仅是帮助植物医生在植物护肤方面获得了科学上的引领和技术上的升华,也让热心公益的植物医生,走上了保护植物、保护生物多样性的道路。

基于植物医生品牌在高山植物保护上的突出表现,植物医生于2018年被中国环境保护部环境保护对外合作中心正式确定为"中国生物遗传资源获取和惠益分享试点企业"唯一化妆品行业试点企业,其"生物多样性—高山植物保护行动"也正式成为ABS的国家级项目,植物医生因此而作为唯一受邀的化妆品行业品牌,参加了联合国《生物多样性公约》第十四次缔约方大会。

图1-10 生物多样性—高山植物保护行动

唯一每年举办"植物医生植树节"公益活动,并与云南吴征镒科学基金会联合设立全球首个植物学专项奖励——"吴征镒植物学奖"的品牌。

以"笨"制胜
——解读"植物医生"发展之道

图1-11　DR PLANT植物医生植树节

图1-12　吴征镒植物学奖颁奖现场

5P之一1P（Positioning） 定位，唯一胜于第一

图1-13　DR PLANT植物医生开展"致敬白衣天使公益活动"

唯一在日本设立研发中心的中国护肤品牌。

……

既然选择了远方，便只顾风雨兼程。

既然选择了唯一，便只顾精耕细作。

26年宁静致远的风雨兼程，26年专注唯一的精耕细作，使植物医生把自己打造成了逾1000万名植粉心目中具有"唯一"特质的护肤品牌，避开了"招招见红"的竞争红海，在专属的蓝海中持续地发展壮大着。与此同时，上述这些唯一，也促使植物医生品牌创造了更多的唯一。

唯一营业额连续多年保持30%~50%的增长速度，即使在传统行业整体疲弱的态势中，仍旧保持高速增长的国产护肤品牌。

唯一坐拥逾4000家门店，店面持续遍地开花，成为商业地产标杆的国产护肤品牌。

唯一获得"北京中关村高新技术企业""广东省高新技术企业""科学

技术进步奖"的护肤品牌。

唯一被"一带一路"倡议官方指定的护肤品牌。

唯一被中国生态环保部对外合作中心设定为中国 ABS（生物多样性保护）化妆品行业试点企业，并成为唯一受邀参加 2018 年在埃及沙姆沙伊赫举办的 COP14 会议，及联合国《生物多样性公约》第十四次缔约方大会的护肤品牌。

……

种瓜得瓜、种豆得豆，种唯一得唯一，植物医生获得的荣誉奖杯、奖牌、证书已数不胜数，位于北京西直门的总部大橱窗早已放不过来，但植物医生团队从来没有被种种成就和荣誉冲昏头脑。

因为在植物医生的品牌发展道路上，所有的成就和荣誉都是起点，而不是终点，是"做世界级的中国品牌"的起点，而不是终点。

那么终点在哪里呢？

坚持"笨"精神的植物医生的答案是：消费者的需求没有终点，植物医生的追求就没有终点。

因为唯一，植物医生坚信，未来可期。

企业的成功，在于品牌的成功，品牌的成功，在于塑造自身区别于其他竞争者的唯一性。

定位，确定在消费者心中的位置，唯一胜于第一。

真实可信，有感走心

有一个美国的品牌，曾经通过资本方被介绍给了解总。

资本方对解总说，这个美国品牌很有名气，它的原料是极其难得的，是在火山岩旁生长的植物，那种植物和火山岩，可以拿来提炼化妆品，效果非常好。而资本方也的确有个团队，从美国进货，在中国销售，打出的广告是美国著名品牌，同时也招募了一些美导和美容技师，给消费者用产品做护理。这套模式看上去是不错的，所以那时也吸引了不少人。

好学的解总为了学习先进模式就慕名而去，到美国去考察那个地方的火山材料，结果发现那个地方非但没有火山，还是一片荒凉的沙漠，但就是这样一个地方，用吸引眼球的概念包装后，一炒作就可以"外来的和尚好念经"，在国内卖得不亦乐乎。

当然，随着这个品牌的发展，消费者越来越多，难免会有越来越多人表示怀疑，越来越多人会去考察，了解到真相的他们，口口相传这个品牌实际上是欺骗消费者的，这个不诚信的品牌也就声名扫地。

而解总一直对植物医生团队强调，品牌真正的价值固然是唯一性、差异化创造的独特价值，但这里面隐含的核心，是品牌产品的真实可信、服务的有感走心，只有把这两方面都建设好，品牌才能形成真正的价值。

真实可信，即诚信。诚信，是企业的命脉，是一切价值的基础。

品牌，本质上就是诚信的载体。品牌诚信，体现的是企业向市场和客户提供有价值的产品、服务的能力和诚意。

对品牌来说，诚信是进入市场的通行证，只有坚守诚信才能形成良好的信誉。而良好的信誉不但是一个品牌整体形象的标签，是品牌的一种无形资产，更是一个品牌的生命。任何一个品牌如果抛弃了诚信，就等于选择了"慢性自杀"，亲手给自己的品牌生命画上了休止符。

现在，有些品牌为了达到快速发展的目的，往往会进行概念炒作，他们不顾自己产品的真实可信度，而一味地蒙蔽消费者，这样的品牌也许能获得眼前短暂的利益，但发展肯定不可持续，早晚都会被市场淘汰。

比如，央视曾曝光过的"胡师傅""乐无烟"等多个品牌无烟锅，涉嫌虚假宣传以新概念糊弄消费者的事情。那些曾经风光无限的无烟锅，它们大吹特吹的无烟材料"紫砂合金"，其实就是普通的"铝合金"，高科技含量纯属子虚乌有，根本起不到"无烟"的效果。但是经过"无烟"概念一忽悠，售价却贵了十几倍。消息一经发布，立刻引起社会的广泛关注，这些企业和品牌，很快灰溜溜地退出市场，从此再也没有了踪影。

消费者的眼睛是雪亮的，企业的管理者如果想要建设好品牌，赢得消费者的认可，就一定要实实在在地打造好自己的产品。

只有产品的质量真实可信，产品的体验才能有感走心，品牌才能够真正在市场中站住脚，品牌的影响力也才能随之扩大，在消费者心中占有一席之地。

近几十年来，随着化妆品行业的迅猛发展，一些商家为了逐利不讲诚信，残次品、质量不合格产品和"三无"产品等纷纷开始出现。

解总在做代理商和经销商的时候，曾经去过无数化妆品厂家，看到大部分厂家的生产基地都很简陋，有些甚至属于"黑工厂"。但这些事情只有业内人才会清楚，广大消费者对护肤品的内在信息大都仅限于广告宣传,实质怎样知之甚少,所以很难避免不受蒙蔽。

怎么才能更加懂得辨识护肤品的品质、避开劣质产品?怎么才能更加深入地从原料、研发等各方面了解到护肤品的功效?怎么才能更加准确地选择到健康、高效、适合自己的护肤品?越来越多的消费者想要了解这些问题。

为此,植物医生决定建立让消费者了解这些问题的一座工厂,一座化妆品业内从未有过的"透明工厂"。

2016年春,"透明工厂"横空出世,这是植物医生在联合中国科学院成立"植物医生研发中心"后又一个科研根据地,也是业内一座前所未有的新型工厂。

这座工厂,是一座对所有消费者公开化、透明化的工厂,是一座欢迎所有消费者对业内所担心问题,进行深入了解和追根究底的工厂。

"透明工厂"面积3.8万平方米,相当于90个篮球场大小,坐落在广东省著名高新区——顺德工业园,园内有多家世界五百强企业,还有美的、容声、万家乐、海尔等知名品牌。

走进"透明工厂",可以看到一条数百米的透明"空中走廊"横贯在工厂上方。

步入走廊进行参观考察,采用最先进设备、引进日本评估人员进行品控管理的场景,生产流水线和工人工作的场景尽入眼帘,沿着走廊缓缓步行,植物医生产品生产的全过程都尽收眼底。

以"笨"制胜
——解读"植物医生"发展之道

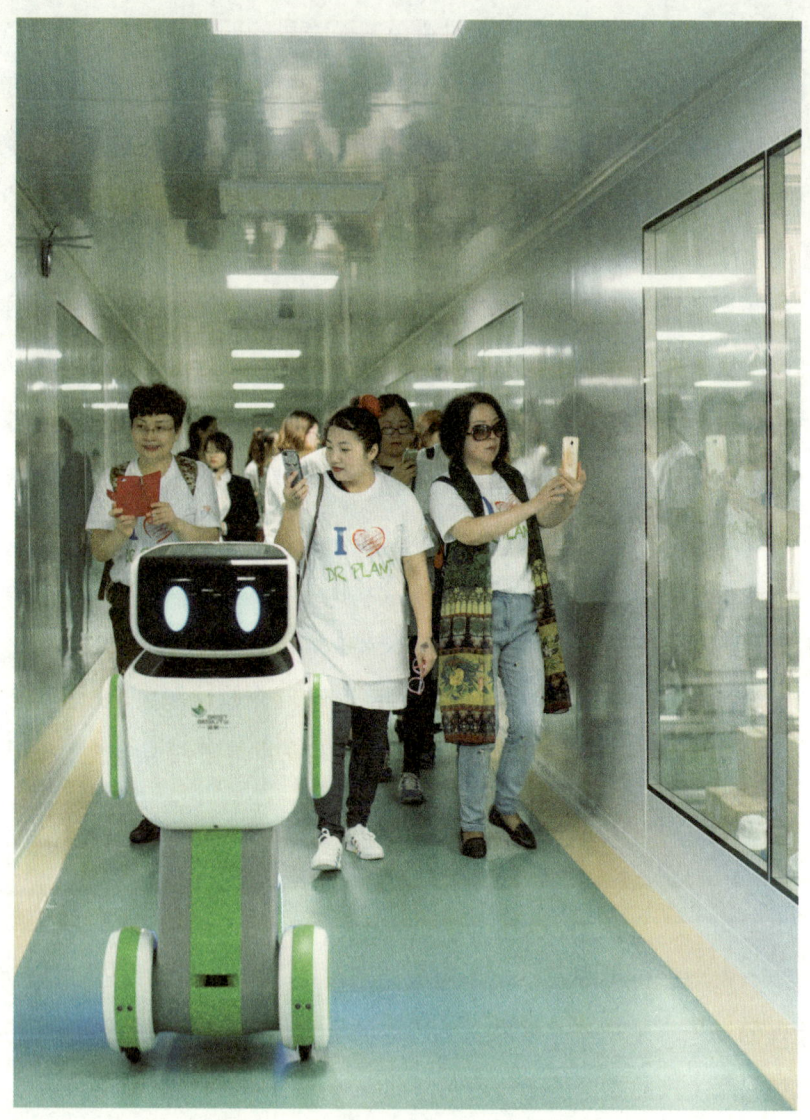

图1-14 "透明工厂"空中走廊参观

在这个工厂参观,你不需要像在传统工厂那样进行烦琐的流程,不需要穿鞋套、换安全服,也不需要消毒,你依然可以穿着自己的美衣,挎着自己的潮包,轻松、愉悦地参观考察。

为什么"透明工厂"可以这样自在自如地进行活动?

因为，植物医生对走廊硬件设施要求有着超乎一般人想象的严格——"空中走廊"是按照10万级洁净空间的标准建立的，每立方米的微粒控制在10万个以内，每小时换气18~25次，完全换气后空气净化时间不超过40分钟。

在"透明工厂"里，每一个环节都完全遵循了工艺环保理念，厂外专门设有废水池。废水处理标准高于普通排放两个级别，经过工厂处理的废水，可以养出活蹦乱跳的鱼。

"透明工厂"不仅是中国国内品控水平极高的透明工厂、智能工厂，而且作为化妆品行业唯一的全透明产业链工厂，"透明工厂"的整个透明生产链实现的是全行业的最高标准。

因此，植物医生"透明工厂"获得了国家级高新技术企业认证。这个认证对于申报企业的企业资质、科研实力以及发展能力等方面，都有十分严格的要求和认证程序，植物医生"透明工厂"得到国家权威机构认证，体现的是品牌的高新科技与人才结构实力。

2019年12月31日，"透明工厂"又顺利通过英国Intertek的三项认证，即国际标准化组织（ISO）颁布的ISO22716化妆品良好操作规范指南、美国食品和药品监督管理局（美国FDA）颁布的化妆品良好操作规范指南、东南亚国家联盟（东盟）颁布的化妆品良好生产操作规范指南，并于2020年1月中旬正式获证。

英国Intertek是全球领先的质量和安全服务公司、国际权威第三方公证行和检测机构，其合作审核机制非常严格，尤其注重对产品进行质量、安全、证书及客户投诉等多维度的考察。植物医生"透明工厂"能获得认证，彰显了品牌强大的科研实力和高水平的质量安全管理能力。

图1-15　DR PLANT植物医生顺利通过英国Intertek认证

产品研发中心盛美研发部的研发总监杨悬分享道:"顺德工厂建立之初,参观通道设计了很多个方案,由于工厂布局的问题,有些地方需要上梯或下梯。解总提出了一个大胆的想法,从空中俯视我们的生产车间,可以全方位地展示化妆品乳化、灌装、包装等生产流程。"

"当时我们都在质疑这个方法的可行性,毕竟国内没有先例,还有一些安全卫生问题也是需要验证的。后来我们聘请了日本著名化妆品专家对方案进行验证,由于专家年纪比较大,不能操作电脑,我们就把图纸寄到上海翻译成日文并打印,寄到日本给专家验证其可行性。"

"专家本着严谨的态度，多次从日本前往顺德进行实地考察，验证参观通道的可行性，过程持续半年。其间，解总和黄剑峰老师以及相关专家等人，时常会修改图纸至凌晨，真的是生命不息，奋斗不止啊。我也很荣幸参与这样的项目建设，如今的透明参观通道，可以全方位展示化妆品生产流程，并且各项标准都高于国家标准，达到了国内最先进的水平。"

透明工厂建成后，很多人都很惊诧：全世界也没几个化妆品企业能够有自信将以往的"闲人免进"处大白于天下，为什么植物医生会有这个底气？

因为"笨"精神。

这种"笨"精神，是植物医生品牌视为生命的原则底线，也是植物医生团队赖以自豪的品格底气——它体现了植物医生"诚实守信是一切基础"的经营理念，它代表着真、实、诚、信。

这种真实可信、诚实守信，是植物医生创始人解总的本质，也是植物医生团队成员的本质。

北京加盟区域经理赵连云，是在植物医生工作了多年的元老，每次提到公司，她都充满着深情和激情，流露出自豪和欣慰："说实话，解总来到北京是从零开始打拼的，我跟他的时间是很久的。他公司是1994年成立的，我是1995年去的。这些年来，我最大的感受之一，就是解总这个人的人品特别好，特别善良真挚，特别诚实守信。我们首先看的是老板的人品，而他的上进心、坚持不懈、永不服输的精神也让我们感到很佩服。"

"也正是因为他的人品和精神，才能够带领我们克服种种艰难困苦打拼到现在，带领大家把几个人的小企业、小团队发展到现在逾万人的规模，把曾经无名小卒的企业打造成一个粉丝口碑很好、让我们有自豪感的民族优秀企业。真的，说实话，这么好的产品、这么好的品牌，同行别的品牌是比不了的。这一切成就的源头，都来自解总诚信、善良的品质和坚持不懈进取奋斗的精神，在这么好的领导人带领下，大家才有了今天。"

植物医生副总经理任向霞感情深切而真挚地说："在植物医生团队有这样一群人，他们从公司成立到现在一直跟随公司发展，从未想过放弃，多年来已经与公司融为一体。记得当初，他们加入公司的时候，要么刚刚进社会，要么刚刚学校毕业，要么只是个宝妈，而如今的这些人，有的已经当了年轻的奶奶，有的孩子已高校毕业。"

"在公司，他们分布在不同部门不同岗位，像蜡烛一样发光发热。这些人都有一个共同的特性，他们全部都是在解总的带领下，从一线走来，身上都有着比较一致的'朴素'的价值观，凡事都以大局利益为出发点，尽职敬业，任劳任怨，脚踏实地，注重诚信。他们见证了公司的发展史，也收获了成长的快乐感、工作的幸福感和生活的满足感。谈到与公司相关的成长故事可以说数也数不过来，每每提到大家的脸上都洋溢着笑容、幸福和对解总的感恩之心。"

"我每次跟别人聊天时，提到我的工作也总是滔滔不绝。记得有一次跟人事部的同事去谈校企合作，见到校领导，我们俩一直介绍植物医生品牌和我们的福利待遇以及公司的公益事业，我们讲得热血澎湃，校领导不时地感叹你们老板真好，你们的公司是一家好公司。他说，通过从你们嘴里讲出来的那种感觉，就能看出你们对公司的热爱是发自内心的。所以对于这么好的企业、这么好的发展平台，他很愉快地签约了。"

诚信不仅是个人的立身之本，也是建立良好人际关系的基本原则，是取得事业成功的有力保证。

植物医生团队在解总的带领下一路走来，始终坚持以诚信为核心价值观，以"诚实守信是一切基础"为基本经营理念，不断加强诚信文化建设。这种价值观、理念和文化，不断强化在每位成员的头脑中，体现在工作和生活中，使大家都自觉或不自觉地按照这种标准处事。

自然地，在品牌的创建上，植物医生也凭借诚信、质量和科技含量、文化等的优势，赢得了众多消费者的真心信赖。

在化妆品行业，一些企业急功近利，不肯花钱花精力投入实质性的技术开发上，而是把精力都放到制造假冒伪劣、以次充好、坑害消费者上。

植物医生却完全相反，由于具有"诚实守信是一切基础"的信念，在技术创新上也具备了最佳的精神土壤。因为当企业真正以诚信为重，就会不断地投入物力人力，去研发新技术新产品，不断创新出技术成果，进而凭借自己独有的新产品来占领市场，增强竞争力。

图1-16　DR PLANT植物医生体验馆

所以，这样发展下来，植物医生的高山植物原料从育种、生长环境、运输、加工提取等再到生产的整个链条都是透明可控的，植物医生产品的优良品质是完全真实可信的。这样真实可信的产品，植物医生又怎么会不敢让消费者实地考察、亲身体验呢？

而对于品牌品质有着极致追求的植物医生，在坚持产品真实可信度的同时，对服务的有感走心也保持着孜孜不懈的追求。

植物医生除了积极研发高科技新品，陆续开发了逾4000家遍布全国的门店，以清新明亮的店面环境，独具一格、品类齐全的高山植物护肤产品，为消费者提供一站式购物环境及体验式服务外，还开设了一个又一个的大型体验馆。

这种设立体验馆的举措，在国内化妆品护肤界也是首家。

未来，植物医生的体验馆还会陆续开设，并且还会提供更多贴心的服务，如紧急救助等。

植物医生团队和诸多植粉都相信，随着人们对植物医生的了解，一定会有越来越多的人种草这个民族品牌，一定会有越来越多的人爱上这个民族品牌。

因为，这个向"世界级中国品牌"梦想迈进的民族品牌，这个具有"笨"精神的民族品牌，真实、可信、可感、走心！

定位需要支撑

人体需要骨骼支撑，楼房需要钢筋支撑，自信需要底气支撑，担当需要能力支撑……世间万事万物，无不需要支撑。品牌定位也不例外。

品牌定位依存于产品实际表现，而产品实际表现则包括产品的特性、品质、价格、营销、文化、设计等方面。它们是品牌定位的有力支撑，也是品牌竞争力的内在源泉或重要力量。

那么，产品实际表现的根基是什么呢？

答案是技术。

企业只有坚持不断地进行技术创新，形成技术壁垒，才能具备核心力量，支撑起定位。

所以，品牌定位时，企业管理者一定要充分考虑自己的定位支撑能力，也就是要充分考虑自己能不能兑现自己定位时对消费者的承诺。因为一旦定位，企业把自己的特色或定位点进行传播，就必然要接受消费者严格的市场检验。比如，"王老吉"是不是真能去火，"海飞丝"去头屑效果是不是明显，等等。如果答案是否定的，企业就肯定经不起市场的检验，就会慢慢走向失败。

可见，企业在定位之前，就要认真考虑好自己的技术资源。企业的品牌定位如果是尖端产品，就一定要掌握真正的尖端技术；如果是高端产品，就一定要具备确保产品品质一流的技术能力。也就是说，品牌定位一定要有相应的技术能力来支撑。

外界很多人都说，植物医生的发展有些不可思议。当实体经济普遍遭遇寒冬时，植物医生却仍然春光明媚，连续5年保持35%以上的业绩增长。2015年销售额12.5亿元，门店突破2000家，同比增长44.62%，会员数量同比增长40%，达到300万人。到了2018年全国门店达到了2881家，遍布国内311个城市，全球门店达3500家，会员数逾700万人。到了2020年，更是交出了一份十分闪亮的成绩单，全球门店超4000家，会员数逾1000万人……这在国内本土品牌还是首家。

为什么？

首先就是因为植物医生有着定位的支撑。

大多数人热衷于关注一些表面的数字，比如开了多少家店，销售业绩多少，却往往忽视了一家企业业绩增长背后的定位支撑。

2007年前，植物医生一直使用"量肤现配"这个品牌名称。

这是一个带有功能性的直白名称，它意在告诉消费者，每个人的肤质不同，应该根据自身肤质选择适合自己的化妆品。

但是，随着时间的推移，大家感觉"量肤现配"这个名称太过教科书化，而化妆品又属于时尚产业，于是在团队一致建议之下，品牌名称变更为"植物医生"。

顾名思义，"植物医生"的内涵是：致力于植物护肤研究，坚持为消费者提供安全有效的植物美肌方案。

在此之前，植物医生并没有直接的工厂，这次转化成真正的"植物医生"，定位比之前又上了一个大台阶，如何才能支撑起这个定位？

必须掌握最有效的植物护肤的科学研发技术。

怎样才能掌握这些技术？

从科学研发入手，掌握植物转化为化妆品的先进研发技术，自建生产工厂和自主生产，打造行业最高标准的产业链条。

经过对植物的深入调研，解总把目光投向了具有得天独厚的取材价值的云南。

云南的高海拔、大温差使得那里的植物不仅光照充足、污染少，而且具备更高的活性价值，所以云南可谓是化妆品最佳的取材之地。

于是，解总怀着满足客户需求的期望，叩开了中国科学院昆明植物研究所的合作大门。

2014年，植物医生和中国科学院昆明植物研究所正式成立"植物医生研发中心"，国际国内公认的民族植物学带头人裴盛基教授被聘请为品牌首席科学家。第二年,"植物医生"的品牌定位正式确立为"高山植物,纯净美肌"。

图1-17　中国科学院昆明植物研究所植物医生研发中心昆明植物研究所北楼

"中国科学院昆明植物研究所植物医生研发中心"是公司整体技术研发体系的第一个环节,它解决了公司生产什么和为什么生产的问题,这个中心的重要使命在于发现和挖掘中国民族植物的使用价值。

我国是一个植物种类繁多的国家,在那些山峰林立、沟谷幽深、悬岩峻峭的大山里,生长着丰富多样的天然"药物宝库",许多花草树木都是贵重的药材,具有神奇的治疗效果。它们是人类远离疾病的"保护神",是人类生命健康的"好卫士"。所以在Discovery探索频道纪录片《探秘高山植物》中,来自云南丽江纳西族的草医木老师说了一句这样的话:"大山里没有医生,植物是最好的医生。"而在大山植物中,具有独特的药用价值的高山植物,更是我们极为宝贵的生物财富资源。

高山植物里有众多的民族药用植物,在中国,有约6000种高山植物都生长在高山上，占药用植物种类一半以上，它们的科研价值巨大。

比如，人们熟知的名贵药材胡黄连、虫草、贝母、龙胆、雪莲等就是很著名的高山植物。

高山气候瞬息万变，山风强劲，再加上强烈的紫外线辐射，一般植物是难以生存的，而能生存下来的很多植物都成了非常珍贵的药用植物。

以生长在海拔1600米高山之上的石斛兰为例。石斛兰是著名的兰科植物之一，主要品种有金钗石斛、密花石斛、鼓槌石斛、铁皮石斛等。中华有九大仙草，石斛列在首位，国际药用植物界称其是"药界大熊猫"，民间誉其是"救命仙药"。唐宋以来的历代皇帝都把铁皮石斛列为贡品。在云南的傣族地区，人们都将石斛花视作吉祥之物，几乎家家户户都喜欢在自家的房顶上种植石斛，以寄托对生活的美好希望。

《本草纲目》《中药大词典》《神农本草经》等我国古代多部医学著作中都记载了石斛的药用功能与作用。石斛主要具有十大功效：增强人体免疫力、滋阴养阴津、护肝利胆、强壮筋骨、降低血糖血脂、抑制肿瘤、明亮眼目、补益脾胃、美容养颜、延年益寿。

石斛在美容养颜方面的效果非常显著。古时候宫廷里的许多女性都争相用石斛来保养肌肤，石斛在武则天的美容秘方中占据重要位置，在慈禧太后的护肤养颜配方中也不可缺少。

现代药理学研究证实：石斛含有多种微量元素，对人体的美容抗衰老作用比一般的药物更广泛、更全面。

在中国科学院昆明植物研究所与植物医生的第一次合作会议上，解总曾问裴教授："根据您的研究，哪一些植物值得开发？"裴教授说："值得开发的植物有很多，但我们还需要排个顺序。"裴教授一口气提到了12种值得优先开发的植物，排在第一的就是石斛，裴教授对石斛的典故、功效进行了阐述后强调："我们应该首先定位去开发石斛，石斛是兰花，是中国人、东方人最喜欢的一种花，有文化含义，有真正的药物功效、药用功效，我们开发起来一定会成功的。"

图1-18　DR PLANT植物医生系列部分产品

结果也正如裴教授所料，中国科学院昆明植物研究所植物医生研发中心经过913天的联合研发、268次的配方调整、16万人次的消费者测评后，又进行了259次的实验，6000多人次的测评，直到数据显示98%的消费者在使用7天后皮肤水润滋养，14天后平滑饱满，28天之后肌肤更加紧实弹亮，才终于在历时三年研发之久后，于2017年夏正式推出适合亚洲人皮肤的石斛兰鲜肌凝时系列。这一系列产品上市没几年就斩获了行业内多项权威大奖，而且还强势出圈，广受科技界的好评——尽管不少医书典籍中都记载了有关石斛兰护肤的汉方古法，可是现代科学在很长时间里都没有攻克石斛兰护肤科技，没想到中国科学院昆明植物研究所植物医生研发中心做到了，所以不少科学家都纷纷围观植物医生石斛兰的成分报告，对它赞不绝口。

又如，植物医生打造的积雪草舒缓特护系列。

在民间，积雪草又叫老虎草。为什么叫老虎草？原来，传说生长在云南玉龙雪山上的积雪草，就算断裂到只剩一小段根茎也能自我愈合重生，连受伤的老虎都翻山越岭只为寻找这种拥有强大修护力的积雪草治愈伤口。在西方很多国家，积雪草是传统药材之一，被誉为医药界的"万金油"。我国用积雪草来治疗疾病的历史已经有2000多年，最早的记载是在《神农本草经》上，指出可以用于皮肤的解毒、消炎等。研究发现，生长在玉龙雪山的海拔1900米的匍匐草本，对肌肤修复有着不可替代的作用，临床医学又将高山积雪草称为"植物胶原蛋白"。

"中国科学院昆明植物研究所植物医生研发中心"通过对积雪草进行高纯度萃取，对各种肤质反复试验求证，证实积雪草提取物可快速刺激深层皮肤细胞更替，在舒缓修复肌肤上有神奇功效，由此植物医生研发中心将高纯度积雪草萃取物凝入护肤品，创新研制出了积雪草舒缓特护系列。

再如，植物医生雪莲净澈无瑕系列的雪莲。

雪莲是一种很珍贵的药材，全株都可以入药，茎、叶、花能够用来治疗很多疾病，不仅可以活血通经、散寒除湿，对妇女病和风湿性关节炎等也都有很好的药用价值。

还有，植物医生紫灵芝多效驻颜系列的灵芝。

灵芝是中华传统的滋补强壮、扶正固本、抗衰防老、延年益寿的珍贵药品，自古被称为"治百病"的"仙药"。科学研究证实，灵芝对机体有多种正向调节作用，有抗肿瘤、改善心肌代谢、保护心肌缺血、降血脂、保肝解毒、补肺益肾、健脾安神、镇痛、抗惊厥、抗疲劳、安神益智、治疗糖尿病和提高机体免疫力的作用，既是强身保健的佳品，又是抗癌、抗衰老、抗疲劳的要药。

现代研究表明，紫灵芝所含的多糖、多肽等成分有明显的延缓衰老功效，具有促进和调整免疫功能，平衡代谢，促进核酸和蛋白质的合成，抗病防衰老的作用，可显著清除机体产生的自由基，阻止自由基对机体的损伤，防止脂体的过氧化，保护细胞，延缓细胞衰老。同时，还能显著增强细胞核内 DNA 的合成能力，增加细胞的分裂代数，从而延缓机体的衰老。

除此之外，紫灵芝还可阻断过敏反应介质的释放，防止过敏反应的发生，对过敏性哮喘、红斑狼疮、甲亢、过敏性鼻炎、多种顽固性皮肤病等都可以起到比较好的效果，并能在一定程度上对抗某些疾病患者因长期使用激素而出现的毒副作用。

类似的植物草药还有很多，而"中国科学院昆明植物研究所植物医生研发中心"则如同技术助推器，极大地丰富了"植物医生"的品类线。除了上述多个系列外，市场热销的山茶花悦泽水润系列、滇青瓜水漾舒润系列、野玫瑰精粹雪肌系列等植物类护肤品，也均出自"中国科学院昆明植物研究所植物医生研发中心"的研究转化。

由于 SKU（SKU，是指库存进出计量的基本单元，可以是以件、盒、托盘等为单位。现在已经被引申为产品统一编号的简称，每种产品均对应有唯一的 SKU 号）的扩容，扩大了消费者在植物医生门店的商品选择，使得"植物医生"门店数量在 2015 年一举突破 2000 家。

对于"植物医生"来说，"中国科学院昆明植物研究所植物医生研发中心"的研究是公司整体技术研发体系的第一个环节。

第二个环节就是将"中国科学院昆明植物研究所植物医生研发中心"的研究成果转化出来，自建生产工厂和自主生产。

为此，解总对原先为自己生产的广东顺德的生产工厂进行了全资收购，形成了"植物医生"3.8 万平方米的独立生产基地"透明工厂"。同时在该基地设立了公司第二个研发中心，专门进行产品应用开发。

为了掌握世界级的化妆品技术，除了"中国科学院昆明植物研究所植物医生研发中心"以及"透明工厂"的应用研究开发中心之外,公司高薪聘请了原来在日本资生堂的专家,并投资了另外两个研究中心,一个是亚太皮肤科学研究所,位于北京总部,另一个是汉方护肤科学研究中心,位于日本。有别于前两个研究中心,后两个中心的功能是研究人类肤质保养的未来技术。

图1-19　DR PLANT植物医生顺德透明工厂

在日化行业,全球研发水平最高的无疑是宝洁,范围缩小到亚太地区的话,亚洲研发水平最高的就是资生堂了,将这些技术大咖纳入麾下,无疑是付出了相当大的代价的。有些人很不解,为什么要这样不惜代价地做?

因为,植物医生希望通过组建"世界第一+亚洲第一"的研发团队,未来成就一个不可替代的中国第一。

植物医生定位后,在研发上的投入目前已经占到全年收入的10%以上,而在这个行业,这一数据更多还在1% ~ 2%徘徊。

事实上,一些本土化妆品大都不注重研发,常年缺乏创新。由于科学技术缺失,很多所谓的品牌要么依靠营销概念做市场,要么依靠简单抄袭打价格战,或者把精力放在改换包装上,导致出现了不少乱象。另外还有一些所谓的线上品牌也在不断出现,更加剧了本土化妆品多而不强的问题。

所以，有人说植物医生这种注重技术研发，通过科研成果转化为一系列新产品的行为，对行业来说就像是黑暗中的一道光明，也正因为这样，植物医生才成了本土化妆品专卖店业当之无愧的领先者。

解总记得北京大学国家发展研究院经济学教授、前任院长、经济学家周其仁曾说过这样的观点：中国消费品市场正面临一场"品质革命"，"谁带这个头，谁就能上去"，这似乎契合了植物医生的发展状况。

解总认为，中国消费品市场的"品质革命"，源自中国消费者不断进步的品质需求、品牌需求，所以这也是中国品牌的黄金时代，而像自己这样的企业家需要做的，就是用真与恒的"笨"精神，建设好品牌的5P方阵，从根本上改变消费者认为中国品牌在品质上不如国外品牌的印象。当然，要生产出真正能和国外品牌媲美的产品，首先需要定位，而定位的支撑、好产品的根基，一定是科学研发技术体系。

没有技术支撑的定位，都是虚位，都将失位。

定位需要顺势而为

从最开始尝试街铺店与加盟店，到进入大型超市开设品牌店，再到进驻SHOPPINGMALL，植物医生26年的发展史，其实就是一条不断摸索、不断成长的"苟日新，日日新，又日新"之路，但其中有一点是始终坚持不变的，那就是对消费者需求发展趋势洞察后的顺势而为。

风起于青苹之末，浪成于微澜之间。在新趋势漫长的孕育过程中，能敏锐捕捉先机的人，可为企业赢得先发优势。当下流行的那句"风口上，猪都会飞"并不是完全没有道理。

26年来，随着中国经济的转型升级和本土消费者消费偏好的转变，植物医生经历了多次重要的战略选择和定位，而每一次的战略抉择和定位，都体现了品牌对趋势的前瞻性洞察和顺势而为。

回顾植物医生单品牌店的发展阶段，从品牌代理商到独立开专卖店的重大决策，都出自对消费者需求和渠道趋势洞察后的顺势而为。

2004年，中国市场开始连锁化，之前小而美的终端让位于家乐福、沃尔玛、京客隆、万客隆、亿客隆等中外大型连锁商超，商超的出现一度改变了中国商业零售的格局，明弘科贸（北京植物医生生物科技有限公司的前身）的生存空间被大大压缩。

同时，当时的超市系统存在"进入门槛儿低，品牌太多，价格偏低，货架费用高"等问题，所以就导致了超市品牌无法满足消费者多样化需求的矛盾。

比如，脱毛产品之类的一些产品在超市里属于小众品类，无法生存。但是消费者同样对这类产品有需求，而它在专卖店里就能生存。消费者的差异化需求，可以通过门店丰富的SKU得到满足，所以植物医生的前身明弘科贸就顺势而为。

在创立化妆品专营店之后，植物医生门店位置的两次转型也是基于消费者需求的变化趋势。

植物医生为什么要从超市脱离出来？

其中很重要的一个原因是，植物医生的目标消费者很多都不去超市了，他们常出入的地方是商业街，所以在步行街开店，也是迎合消费者变化的顺势而为。

植物医生为什么在核心位置开店？

因为人流和资源都聚集到了核心商圈，周边地区的商铺人流越来越少，所以植物医生又一次顺势而为。

的确，植物医生发展的每一步，都踏在"消费者趋势变化"节点上，先于其他化妆品店做体验也是这样。

随着生活水平的提高，人们不仅考虑产品或服务的功能性，而且更加重视消费过程中所获得的心理体验的效益，所以植物医生率先试水了"体验服务"。体验服务也让植物医生按消费者体验流程推出了更多的产品，带来的结果是植物医生 SKU 的增加。而 SKU 的扩容，又带来了消费者在植物医生门店商品选择性的增多，进而使得植物医生门店数量也得以一再突破。

植物医生之所以成功登陆日本市场，受到日本消费者的青睐，也是因为准确把握到了日本消费者需求趋势变化的"脉动"。

对日本消费者讲高山植物他们很难理解，因为日本最高的富士山海拔只有 3775.63 米，而且还是一座活火山。而中国有着全世界最高的珠穆朗玛峰，海拔 8844.43 米，地处云南的高山海拔也动辄五六千米以上，所以日本和中国的情况完全不同，日本消费者对非火山的高山状况概念不强，更难理解到比富士山高出许多的山的概念，他们认为高山植物和非高山植物的区别不大，非高山植物也有很多没有污染的、纯净的，非高山植物为原料的产品也有很多无添加剂的。高山植物在国内的海拔高、无污染、没有病虫害的定位优势，并不容易被日本消费者认识和感知，怎么办？

中医学大概在 4 世纪传入日本，在长期的历史发展过程中逐渐形成了汉方药文化。目前日本的汉方药占据了全世界 90% 的中药市场销售份额。在日本的民间，汉方药得到了日本民众的广泛认可，汉方药在药局和药妆店都被放到了最醒目的位置。

植物医生根据对日本消费者需求趋势的洞悉，对高山植物定位进行了一个包装，将"来自高山的汉方仙草"作为产品卖点。

图1-20　DR PLANT植物医生中国防晒"小金帽"日本同步上市

为什么要突出"汉方仙草"的概念呢？

化妆品的消费需求，是深深受到文化、习俗等地域性观念影响的。日本消费者由于日本文化、习俗的影响，对西方国家的化妆品更容易接受，对中国的化妆品却难以接受。但是由于植物医生顺应了日本消费者需求的趋势，突出运用了广被日本消费者认可的"汉方"概念，所以"高山植物"的汉方仙草定位也就随之清晰了，消费者很容易产生联想，很容易感知和认同，也能理解到产品全部取自高山植物原料，纯净无污染、营养成分更丰富的概念，植物医生的定位也就深入人心了。

正是一次又一次、一年又一年对消费者需求发展趋势洞察后的顺势而为，让植物医生在全亚洲已有4000多家门店，营收业绩节节攀升、稳定增长，很快成了单品牌店领域的龙头。

对消费者需求发展趋势的洞察后的顺势而为,是企业发展最关键的要素。

在这方面,道家关于水的生存哲学可以给予我们最大的启示。

水最大的特性,来自顺势而为,它遇方则方,遇圆则圆,屈高就下,顺其自然。在企业经营中,具有这一性格的最大好处,就是不会过分执着于自己的主观想法,而是根据客观情势不断进行调整,于是企业家在经营中的反应速度就会大大加快,就更加容易找到适合自身发展的更好的道路。

顺其自然,并不意味着消极放弃。老子并不是单单强调水的不争与谦卑,还表达了水的进取。水看似是世间至柔至弱之物,却又是至强至刚之物。柔弱向下的水能够以柔克刚、以弱胜强。它们浩浩荡荡,坚韧不拔,不舍昼夜,奔向大海。它们能够汇集成滔滔洪水势不可当,也能长年累月水滴石穿。在这里,柔弱不争的水变成了强大进取的水,水以其谦卑与不争反倒成就了其强大。

水的进取特性也启示我们,当企业家遇到良好的形势时,也应当全力推进,争取更上一层楼。

植物医生团队相信,一个真正能够带着企业持续发展的企业管理者,一定不是不注重消费者需求及其发展趋势、傲慢刚愎、坚硬僵化之人,而是善于洞察消费者需求及其发展趋势,有着真和恒的"笨"精神,虚心谦卑、顺势而为之人。

定位表述：一句话定江山

当植物医生完成定位策略拟定之后，就要用文字来明确阐述所拟定的定位策略，这个文字说明就是"定位表述"。

定位表述，是品牌传播的有力方式。它的核心，是以简洁而富有感召力的语言，准确地向用户传达品牌理念。和品牌名称一样，它能够迅速有效地建立起品牌资产。

心智时代，要想进入消费者心智，就需要建立一个吸引人的品牌定位表述。

这个定位表述，内涵要丰富，要能体现品牌的理念和意义，要能够代表消费者对于品牌的感知、动机和态度，成为消费者理解品牌的切入点。

同时，还要简洁凝练，一句话定江山。用一句话就能吸引消费者，让他一听到品牌表述就能在心中为这个品牌埋下购买的种子。

我们所熟知的成功品牌雀巢咖啡的品牌表述——"味道好极了"，让全球消费者都记住了这款咖啡。大家一看到这个品牌的宣传语就在心里想，到底是什么样的咖啡味道好极了呢？它有什么独特的味道，是芳醇还是甘苦？简简单单的五个字，勾起了人们对一杯雀巢咖啡的无限遐想。在雀巢咖啡众多品牌表述中，"味道好极了"一直是经典，虽然中间曾换过不少表述，但只有这个表述坚持用到了现在。

蒙牛的高端奶特仑苏在宣传时打出了"不是所有牛奶都叫特仑苏"的

品牌表述，这跟雀巢咖啡的"味道好极了"有异曲同工之妙，收到的宣传效果也是很明显的。

白加黑品牌感冒药的表述是"治疗感冒，黑白分明"，表述简洁明了，并且刷新了消费者对感冒药品的认知——怎么感冒药还分黑白？这种新奇锐利的品牌表述，直击消费者的心智，白加黑上市半年就登上了行业第二的位置。

经典的品牌表述，通常都是一个短句，有了这样一个短句，抽象的品牌内涵就更容易传递出来。尽管品牌名称和品牌标识都能在一定程度上传递和表达品牌内涵，但品牌表述是借助于语言，所以可以将品牌内涵更简单、更直白地表达出来。

不少人认为品牌表述就是广告语或广告口号，其实这是一个误解。

为什么会有这样一个误解呢？

大部分情况下，品牌表述确实是通过广告传播的。有时候，企业也会直接拿品牌表述做广告语，但两者实际上还是有很大区别的。

因为广告语口号致力于产品本身，强调的是功能与促销所达到的效果，是短期行为，而品牌表述定位于企业本身，强调的是企业的核心竞争力和品牌文化内涵，是长期行为，它甚至是企业一贯坚持的核心竞争力之一。

比如，丰田的"车到山前必有路，有路就有丰田车"、海飞丝的"头屑去无踪，秀发更出众"等，这些都属于广告语或广告口号，它们反映了产品的特色和优势，却不能表达和传递品牌精神。

而品牌表述，如植物医生的"高山植物，纯净美肌"，还有中国移动的"沟通从心开始"、海尔的"真诚到永远"、飞利浦的"让我们做得更好"、美的的"原来生活可以更美的"等，都是将品牌的精神和价值主张直接表达出来，而不仅仅是对旗下单个产品性能、特点的宣传和描述。

品牌表述一般是与品牌标识组合起来使用，比如英特尔品牌标识旁写着品牌表述"超越未来"，中国联通的标识下方写着"让一切自由联通"，海尔标识旁写着"真诚到永远"等。这些品牌表述是企业一贯坚持的主张，是企业长期存在并随着发展可以不断增强的品牌信念。所以我们会发现，虽然海尔的某个产品类别的广告语换了好多次，但是"真诚到永远"始终伴随着海尔的发展而存在。

那么，如何给品牌一个生动的定位表述，让语言具有力量瞬间抵达客户的心中？

第一，言简意赅，惜字如金，力求用最少的文字语言传递出最具内涵的信息。

因为，人们的生活每天都充斥着大量的信息，对于一些无关紧要的信息，人们通常没有精力去注意。如果品牌表述过于冗长，消费者就很容易形成审美疲劳，就算有亮点也不会用心去看，越长的品牌表述，消费者越记不住。如果他们不能从你的品牌中得到言简义丰、与众不同的信息，那么品牌又怎么能进入其心中呢？

第二，准确把握品牌核心价值。

在设计品牌表述时，最重要的是要把握品牌精髓和品牌核心价值，赋予品牌表述深刻的内涵。品牌表述如果不能将品牌与其公司倡导的理念、价值主张相联系，那么品牌表述就毫无意义。比如海尔品牌的核心价值是"真诚"，于是它的品牌表述就喊出了"真诚到永远"。

第三，符合目标顾客心理需求。

品牌表述要符合目标顾客的心理需求，能够使人产生情感上的共鸣，才会让消费者认同和接受品牌的价值主张，进而积极主动去传播它。

比如，"人头马一开，好事自然来"，契合了中国人喜欢吉利、讨个好彩头的心理习惯；"钻石恒久远，一颗永流传"，象征爱情坚贞永恒，激起许多即将走入婚姻殿堂的年轻男女的向往；耐克的"想做就做"，率性洒脱、酣畅淋漓，引发充满激情的年轻人的共鸣。

第四，形象生动地展示品牌特征。

比如，太太口服液的"做女人真好"就深深吸引了女性消费者，成为同类品牌的佼佼者。

第五，朗朗上口，适于传播，易于记忆。

品牌表述简洁、朗朗上口，不光易于消费者记忆，而且因其用简单的语句概括出了消费者所认同甚至欣赏的价值主张，而更容易传播，更容易变成社会时尚的流行语。

比如，麦斯威尔咖啡的"好东西要和好朋友分享"、飞亚达手表的"不在乎天长地久，只在乎曾经拥有"、李宁品牌的"一切皆有可能"、澳柯玛的"没有最好，只有更好"等，都曾经是风行一时的社会流行语。既有浓浓情感色彩，又易读好记，便于传播。

一个好的品牌表述，在品牌的创建、传播、塑造过程中，具有非常显著的作用，企业应该用心把它打造成有力的"语言钉子"，钉入消费者的心中，一句话定位置，一句话定江山。

5P之二 2P（Product）
产品就是解决问题

道生一，一生二，二生三，三生万物。万物负阴而抱阳，冲气以为和。
——摘自《道德经》第四十二章

产品就是解决顾客的需求问题

解总常说:"做好产品是唯一出路。"要想做好产品,一定要抓住产品的本质,那么产品的本质是什么呢?这个问题是我们在打造产品之前,一定要清楚的问题。

大家对这个问题的回答,一般有三种不同的看法。

第一种看法认为,产品的本质是为了给企业实现价值,给企业谋求最大的利益。

但是,产品能不能实现价值,并不是由企业说了算,而是由市场说了算。如果企业生产的产品不符合市场的需要,产品就肯定不能实现价值,因为顾客没有理由为了企业要实现价值,就去购买自己并不需要或者并不喜欢的产品。

第二种看法认为,产品是产品设计者赖以维持生存的物品,是产品设计者的谋生手段。

但是,在顾客眼里,产品设计者的谋生方法和顾客要不要购买产品之间并没有必然联系,这种联系只存在于产品设计者眼中。

第三种看法认为,产品是为了满足顾客的需求。因为市场是买方市场,交易能够达成是因为产品符合市场的需要。

这三种看法,只有第三种真正指出了产品的本质,产品就是解决顾客的需求问题。

产品打造的重点，不是基于能够为企业或产品设计者本人带来怎样的利益，而是基于能够解决顾客的什么问题。

每一款产品的出现都是为了更好地解决问题，而不是制造一些麻烦，只有解决了问题的产品，才可以说是一个符合市场需求的产品，才可以说是一个好产品。

手机能不能不那么卡、不那么慢？于是优化大师、清理大师出现了。看别人上网觉得挺有意思的，但是自己记不住那么多网址怎么办？于是网址导航解决了这个问题。聊天打字很费劲、很慢怎么解决？于是语音录入、视频聊天出现了。

我们可以发现，一款产品只要能够在市场上取得一席之地，肯定是因为解决了我们生活中存在的某个问题。

所以，企业做产品必须遵循的首要原则就是"找问题"。

找到顾客想要解决的问题，是开发产品的基础和核心。

哪些是顾客想要解决的问题？

就是顾客在使用某种产品时，总是感到不满、不爽、不痛快、不如意的接触点，这些接触点就是顾客最想解决的需求点。放到具体的产品上来，就是产品的原始需求中，被大多数用户反复表达的一个急需解决或有待实现的愿望。

解总手上长期戴的一块手表是劳力士表，在豪华表里算比较便宜的，但他特别喜欢这块表，因为它虽然是纯机械表却能够解决时差的问题。

这块纯机械表是怎么解决时差问题的？

它配备24小时旋转外圈，可读取三个时区的时间，其中两个时区的时间可同步阅读，解总出国时可以通过表面上的传统指标识别当地时间是几点。另外，它还采用了设计巧妙的独立调校跳时指针，佩戴者可以通过上链表冠轻松调校时间，不会因此影响分针和秒针的运行。

这就是为什么很多人都喜欢收藏这种手表的原因了。因为瑞士手表已经把手工机械制造做到顶端和极致。虽然进入电子时代，一款普通电子手表都可以有测心率的功能了，机械表已经显得落后甚至有可能面临制造工艺失传的地步了，但瑞士表却仍然受到人们的欢迎，因为它代表了手工机械制造技术的最高境界——通过创新解决时差问题。

我还听解总说过一个小例子，他最喜欢的车是奥迪。

为什么呢？

他表示，奥迪在通过对细节的改造来解决问题这方面已经超过了竞争对手。

通常解总上车后的第一件事就是听广播。在第一款奥迪 A8 上听广播需要经过两个程序，第一个程序是打开驾驶位旁的屏幕，第二个程序才是旋到广播那里，也就是要用两个钮去解决一个问题，他觉得这个有点复杂，让他多干了一件不必要的事。之后第二款 A8 就出来了，广播只需点一下就出来了。

这个细节让解总觉得挺神奇，奥迪居然连这种问题也解决了。虽然它没有找过解总调研，解总也不知道奥迪怎么研究出来的，但是他相信奥迪一定进行过大量的消费者调查或者是很具差异化的调查，因为它的市场是全球的主流市场。

还有一个细节对解总也很有触动。解总开始买的那款奥迪 A8，后面有一个冰箱，可以冰镇东西。起初他买车时觉得这个冰箱会很好用，比如每当他夏天打高尔夫球以后，如果一打开冰箱就有一罐冰镇饮料喝，感觉会很美好。

但实际上，这个冰箱在车买了两年后都没有用过，要么忘了放饮料，要么运动完上车就感到疲乏会小睡一下，总之种种原因导致他真的没有用过这个功能。

他发现，冰箱功能想象得很美好，但实用性并不大，而且还会消耗热能，如果冰箱位不是放一个冰箱而是放一个储物箱，空间就会大很多。

然后，让他觉得更神奇的事发生了，他在买同款升级版车的时候，这个冰箱就没了，但还是没人对他进行调研。

因此，解总特别喜欢奥迪这种解决问题的态度，他认为这意味着奥迪对产品的研究能够细致到常人不能察觉的程度，能把客户潜在的需求和真实的需求定位得一清二楚，然后基于大量的调研精益求精地改进细节。

而解总在产品研究上也是很敏感的，非常注重满足消费者的需求和解决消费者的问题。

化妆品行业资深人士都知道，业内存在着不少坑害消费者的陷阱。

陷阱一，假冒名牌。

国内有些化妆品的黑作坊，他们把一些假冒进口名牌的化妆品加工制作后进行销售。这些产品的品质与真品相差很远，给消费者带来极大的安全隐患，用了以后有可能出现重金属中毒、过敏甚至影响到一些重要的生理功能，但是由于这些产品销售的价格非常低廉，所以容易使那些贪图便宜的消费者上当。

陷阱二，没有生产日期与保质期。

有部分批发市场中销售的进口化妆品没有生产日期和保质期，有些已是过期产品，却仍然在非法销售。化妆品一旦过期，颜色出现变化，可能会产生酸变气体，液体可能混浊不清，口红和膏体会出现水滴或油滴，安全质量毫无保证。而消费者要是使用了过期的化妆品，很可能就会造成过敏、皮肤发红、发痒、损伤甚至中毒等现象。

陷阱三，假冒产地。

有一些化妆品和洗涤用品明明是在国内生产的，但是他们却欺瞒消费者，冒充产地在"法国""日本"进行销售。

陷阱四，非法渠道进口的"三无"产品。

尽管中国严厉禁止"三无"化妆品，但是市场上仍然有无进口手续、无进口批文、无检验检疫证书的"三无"化妆品。这些化妆品有些是走私来的商品，有些是旅客偷偷携带入境后拿到市场上销售的，这些化妆品不仅偷逃关税，安全和质量更难以保证。

陷阱五，换新日期标签。

有的黑心商人，在化妆品临近有效期前换成新日期的标签，使有效期向后延长一年甚至几年来欺诈消费者。

这些形形色色的陷阱，是消费者饱受困扰却又防不胜防的"心结"，也是消费者迫切希望解决的问题。

为此，植物医生品牌致力于通过天然纯净的高山植物配以植物医生研发团队的专业高新技术，打造出性质温和、安全健康的高效养肤产品，来解决人们的护肤难题。

植物医生深知，只有最天然纯净的环境，才能拥有最纯粹的高山植物精华，才能提供给顾客最本真的天然呵护，所以植物医生坚持以高山植物为护肤品原料，力求自己的每一滴高山植物原液，都没有受过一丁点儿化学工业的污染。

于是，植物医生将重要的原料产地，设在了高海拔地区的丽江高山植物园。

因为根据科学研究，高山地区的植物活性物质丰富，生命力顽强，它们抗氧化的能力与细胞的活性都远高于一般的平原植物，是天然的、上好的护肤品原料。不仅如此，得益于海拔高、强日照、昼夜温差大的环境特点，高山植物受到的污染与虫害威胁较小，所以它们的细胞毒性更少，更加纯净和安全。

在科研上，植物医生和人才济济的国家级科研团队中国科学院昆明植物研究所成立了"植物医生研发中心",持续深入开展高山植物研究,不断进行着精心的科学实验,让产品功能实现功效精细化,以便能给消费者提供最安全有效的植物美肌方案。

截至目前,植物医生已有至少 200 多款产品实际运用了"中国科学院昆明植物研究所植物医生研发中心"的相关研究成果。品牌销售额连续多年增长达 30%~50%,不仅开创了我国高山植物系护肤新潮,也逐渐成为亚洲消费者心中"科学植物化妆品"的代名词。

2018 年 6 月,在原有的"高山植物研究"的基础上,植物医生联合中国科学院昆明植物研究所又启动了"让肌肤年轻 20 岁"的重点科研项目。数十位科学家、研究员参与其中,他们组成了包括基因组学、植物化学、民族植物学和中医世家等学科在内的综合性团队,为抗老产品的研发不断发挥着自己的光与热。

此外,植物医生还通过在广东佛山建立"透明工厂"研发中心,在北京总部设立"亚太皮肤科学研究所",在日本东京设立"汉方护肤科学研究中心"来全方位增强科研实力,提升产品品质和功效。目前植物医生每年的产品研发投入占企业营收的 10%,比很多国际大牌的研发投入占比还要高很多。

植物医生通过在生产、研发、渠道等环节全面发力,在细分领域形成了"原料种植—专业研发—加工生产—自有品牌—专卖服务"的高山植物护肤产业链闭环。在本土 2000 多个化妆品品牌中,像植物医生这样自建生产工厂打造产品的品牌是极为少见的,更别说形成产业链闭环了。

在植物医生,解总常说的两句话"做好产品是唯一的出路"和"零售就是卖好卖的货",已经成为 22 条品牌经营理念中的基本产品理念。

产品好做,好产品不好做,什么才是好产品?

卖货容易,卖好卖的货不容易,什么才是好卖的货?

本质上，能够切实解决广大消费者感到很头疼的问题，让消费者满意的安全、健康、高效、优质的产品，才是好产品，才是好卖的货。

为此，植物医生把产品生产与消费者的需求、测评紧密结合，根据消费者的测评效果、喜好和意见，及时对产品进行改进，同时不断挖掘产品的升级方向。

比如，石斛兰鲜肌凝时系列。

图2-1　DR PLANT植物医生石斛兰鲜肌凝时系列产品

该系列经过植物医生与中国科学院昆明植物研究所进行了913天的联合研发，268次配方调整，16万人次的消费者测评后，吃惊地发现85%的消费者都表示，产品在补水保湿、淡化细纹方面有明显的效果。

但同时，研发人员也发现，82%的消费者希望产品在减少表情纹上带来更显著的效果。于是经过研发层层筛选，又进行了259次的试验，准确平衡配方体系中亲水和亲油比例，以及石斛兰紧致焕颜精华和高山植粹复合配方等有效植物成分的精准含量，进行了6000多人次的消费者测评，直到数据显示98%的消费者，在使用7天后实现皮肤水润滋养，14天后平滑饱满，28天之后更加紧实弹亮，才终于在历时三年研发之后，于2017年夏，正式推出适合亚洲人皮肤的石斛兰鲜肌凝时系列。如今石斛兰鲜肌凝时系列已成为植物医生的明星产品，受到了1000多万名品牌会员的口碑认证。

继石斛兰鲜肌凝时系列之后，植物医生于2019年又推出了"石斛兰高山奇迹水"，这款产品是在植物医生四大研发中心——中国科学院昆明植物研究所植物医生研发中心、日本汉方皮肤科学研究中心、北京亚太皮肤科学研究所、广东"透明工厂"盛美研发中心的共同努力下联合研发出来的。

为了帮消费者解决肌肤需求的问题，"石斛兰高山奇迹水"和植物医生的其他产品一样，是随着研发的进展不断进行产品测试的。

图2-2 DR PLANT植物医生"石斛兰高山奇迹水"

亲历此次产品测试，植物医生商品中心计划部副经理王帅帅分享道：

以"笨"制胜
——解读"植物医生"发展之道

"2019年1月我们进行了第一次的会员产品测试,两个配方与悦木之源水分组进行产品测试,然后我们从肤感方面给出了调配意见。2019年3月我们进行了第二轮的会员产品测试,两个配方在肤感黏稠度和滋润度方面均未达到理想状态,于是继续调整配方。2019年4月我们进行了第三轮的会员产品测试,进行了组内强制对比,显著地优选出了一款配方。"

由此,这款"石斛兰高山奇迹水"在四大研发中心历经200次菌种培育工艺改进,279天联合研发,112次配方调整和1715人次消费者测评后,直到临床数据显示其形成的透明质酸锁水网,使4小时肌肤含水量提升60%,使用3天后皮肤修护率更高达75%之后,才最终以国际高水准与消费者见面。

"这真是慢火细炖真功夫啊!""拼得功夫深,铁杵磨成针。"植物医生商品中心的成员纷纷感慨道。

当然,功到自然成,"石斛兰高山奇迹水"上市后,很快就以急救补水、快速修护的"奇迹"般的效果,得到了众多消费者的口碑推荐。

在一些人的眼里,植物医生这种对产品的打造功夫是耗时、耗力、耗资金的"笨举动",但是植物医生却很认真地坚持贯彻着这种"笨举动"。这种"笨举动"不仅确保了产品的无害、自然、绿色,也确保了产品的安全、健康、高效、优质。这种"笨举动"也让植物医生以始终如一的顾客口碑,赢得了越来越多消费者的青睐,赢得了百强榜中化妆品行业第一的位置。

新品类是最大的品牌机会

在动画片《葫芦娃》中,有七个葫芦娃,他们分别是红娃、橙娃、黄娃、绿娃、青娃、蓝娃、紫娃,七种颜色代表了七个葫芦娃。看过动画片的人,大都能记住大力士的红娃、千里眼的橙娃、铜头铁臂的黄娃、会喷火的绿娃、会吐水的青娃、会隐身的蓝娃,还有宝葫芦紫娃。

为什么大家记忆会如此深刻呢?因为七个葫芦娃兄弟,都分别以各自特别擅长的技能,形成了自己鲜明的特征,所以我们记住了。假如七个葫芦娃都是千里眼或者都是会喷火的,那么大家还能对每个葫芦娃进行区分吗?恐怕就很难了吧。

其实在商业上也是这样,我们可以把各个葫芦娃看成一个行业里面的各个品牌。

如果一个品牌不能在某一方面特别突出,没有自己的品牌特色,消费者就很难记得住。一个品牌只有在某一方面特别出众,有自己鲜明的特色,才可能在消费者心中占有一席之地。

以饮料为例,大家知道王老吉,因为它是凉茶饮料的开创者,但如果现在有上百个品牌都是做凉茶的,大家还能都记得住吗?

很多人都知道开创登月球纪录的人是阿姆斯特朗,但是有多少人知道或者去关注第二个、第三个登上月球的人是谁呢?

"开创者"永远是舞台上镁光灯的焦点，满载着划时代的胜利与荣耀，被载入辉煌的篇章，深深印在人们的脑海当中。而那些后来的跟随者，却很少有人问津，所以人们更容易记住的是某个行业或者某个品类里面的开创品牌。

于是当我们谈到凉茶很快就会联想到王老吉，谈到学习机很快就会联想到小霸王，谈到天然水很快就会联想到农夫山泉。虽然凉茶、学习机、天然水的品牌不计其数，但这些品牌却仍然在我们的脑海里处于一个重要的位置，因为它们都是一个品类的开创者，成为一个新品类的代名词。

有一种看法是，开创者往往是后来者的铺路石，当你开拓这个品类后，往往会被实力更大的企业"后发制人"抢去领导地位。这种情况在商业史上的确发生过，但诸多事例都表明，开创者的成功概率还是最大的。

德国心理学家劳伦斯发现的"印遗现象"，或许能更加清晰地解释其中的原因。

劳伦斯发现，不管怎样把鸭群混组，幼鸭都能毫不费力地认出妈妈。因为幼鸭第一次睁开眼时看到的就是它妈妈，这个印象像烙印一样印在心里，从那以后一生都不会变。

而且，这种印象的效力甚至可以超越血缘、超越同类，也就是说如果在幼鸭第一次睁眼时见到的是一只猫或者一只鸡，幼鸭也会将其认作妈妈。

劳伦斯还发现，这一动物现象在人类的身上，同样会起到相当大的作用，这也就是人们之所以会强调第一印象很重要的原因。

当你第一个进入消费者心中，你就具备了强大的"天然"优势。

戴尔作为"直销电脑"首先进入消费者的心中时，戴尔本人当时还只是一个学生，虽然康柏、IBM、苹果那时候势力已经很强大了，却仍然阻挡不了戴尔的前进步伐，如今戴尔也已经以新品类的策略成为电脑的领导者。

这样的故事在各行各业都有发生。因为人心厌恶改变，当你第一个进入消费者心中之后，就会出现心理学家所说的——人总是喜欢保留已有的东西。这也是人为什么总是喜欢抓住过去的东西不放，喜欢沉溺于回忆的原因。

"印遗现象"会使开创者作为该品类的代名词而被消费者广泛接受，所以我们要时常提醒自己这条最基本的市场法则——开创新品类是品牌的最大机会。

目前，中国在各行各业的品类上还处于一个发展阶段，许多产品品类的细分、升级和创造都还不是很成熟，各行各业都存在着一个比较大的品类创新的空间。企业完全可以通过开创新品类的方式，来吹响自己品牌建设的号角，把握住新品类这个品牌最大的机会。

毕竟，在一个别人已经占据了战略制高点的市场，就算你拥有更强大的"军队"，更充足的"弹药"，也不一定能保证成为最后的胜利者。世界上有大把因为迟到一步而痛失先机的品牌，比如佳洁士牙膏，在美国它是"防蛀"的代表，但是在中国它迟到了一步。"防蛀"的概念已经被高露洁牙膏抢先占据，就算佳洁士多花10倍的力量，也没有办法将这个概念占为己有，所以一直以来佳洁士的表现都不尽如人意，销量也远远比不上高露洁。

先到先得，那些后来的跟随者往往已经丧失了先机。现在你能再出一种白加黑感冒药吗？就算国家允许，有人相信吗？承德露露长期以来几乎是以一个产品打天下，这看上去"极不正常"的现象，靠的就是品类的力量。

"开创新品类"是在营销的基础上创新，这是最大的营销创新，不管

以"笨"制胜
——解读"植物医生"发展之道

我们怎样强调和重视都不过分。

当你的品牌是新品类的第一品牌时,它就被普遍认为是原创者、正宗和先锋,并且是最好的,当其他品牌侵犯你的领域时,往往就会被认为是模仿品。在产品同质化、竞争手段同质化的今天,"开创新品类"可以使你超越竞争,径直通向无垠的蓝海!

护肤品市场也是高度竞争的市场,高端品牌有雅诗兰黛、欧莱雅,普通品牌有德国的妮维雅之类的,低端的品牌在中国有很多。在这个可谓是世界上竞争最激烈的行业中,新品牌看似是没有机会的,如果想要在这个竞争激烈的行业里凸显出来,唯有研发出一个新的品类。

什么新的品类呢?植物医生团队通过多年钻研,从裴盛基教授那儿得知,有一种植物生长在高山上,没有污染,强光照,植物中活性成分多,温差大,没有病虫害,也不使用农药化肥,所以原料特别纯净,这种植物就叫高山植物。自从有了高山植物这个元素,植物医生就立刻跟其他护肤品产生了差异化,一个新的品类就产生了。

植物医生在开创高山植物护肤新品类后,以护肤独特品类实现了品牌区隔,进行了科学化的发展。

海拔1000米高山之上的玉竹、海拔1000~2000米高山之上的紫灵芝、海拔1600米高山之上的石斛兰、海拔1900米高山之上的滇青瓜、海拔1900~2600米高山之上的山茶花、海拔3700米高山之上的雪莲……

植物医生不仅以品类丰富的高山植物护肤品,满足了多个年龄段的护肤需求,还凭借国家级科研力量打造了石斛兰、紫灵芝、冻干粉等系列护肤品助力科技美肤,使得越来越多的人就算是日常护肤也能拥有金牌品质产品。

图2-3 云南高山秋色

把握好新品类这个最大的品牌机会并不是一件简单的事,所以2014年植物医生与中国科学院昆明植物研究所达成深入合作关系,联合建立了"植物医生研发中心"。

截至目前,相关研究成果在200多款产品上的实际运用,已经让越来越多的现代女性变得更美丽、更年轻。所以植物医生的高山植物护肤品不仅使品牌实现了销售额连年增长,也极大地满足了护肤美容市场的细分大势。其不仅热销国内市场,更在欧美试销会与日本东京市场上屡创销售奇迹,在全球范围内俘获逾1000万名粉丝会员,引发了国内外的高度关注。

如果你熟知商业历史就会知道,通过开创品类使品牌快速崛起的案例比比皆是。很多品牌最初的成功,与其说是依靠单纯引流和渠道取胜,不如说是通过巧妙的方式开创了一个新品类,由此避免了红海竞争,在空白市场上取胜。

解总曾举过一个例子:比如,汽车行业的竞争非常激烈,在全球,德国车（如奥迪、奔驰、宝马）占据世界的顶端，美国车（如凯迪拉克、福特）占据着世界最大的市场，日本车（如丰田、本田）的性价比驰骋全世界，韩国品牌（如现代、起亚）也紧随其后，所以看上去市场已经一片红海，新的品牌很难有出头之日了。但是有人想到了一个办法，生产一种不用加油、只要充电就可以行驶的车，于是就诞生了特斯拉。特斯拉创始人通过研发产生了新的品类，推出了电动汽车，如今特斯拉品牌的价值已经超过了其他所有汽车的市值。这就是新品类的力量，新品类就是品牌最大的机会。

又如，饮用水业在纯净水、矿物质水的原有品类基础上，开创出新品类"天然水"的农夫山泉；IT业在电脑、电子词典的原有品类基础上，开创出新品类"学习机"的小霸王；乳制品业在纯牛奶、酸酸乳的原有品类基础上，开创出新品类"乳酸菌"的蒙牛优益C；手机业在滑盖手机、音乐手机的原有品类基础上，开创出新品类"智能手机"的苹果……

还有红牛、露露、冰红茶、旺旺雪饼、宁夏红、新东方（不同于一般外语补习的出国语言培训）等，这些新品类产品开创着一个又一个品牌机会，遨游在一个又一个全新的蓝海。

所以，企业在品牌建设的征程上，与其做一个精明的仿造者，不如做一个"笨笨"的开拓者，勇于创新，坚持深耕，积极把握品牌最大的机会——新品类，成为潜在顾客心中新品类的代表，同时推动新品类发展，扩大品类市场。

回顾历史，最成功的品牌基本都是通过开创新品类而形成的。展望未来，商业社会中新品类的开创为品牌的打造提供了无限的机会。新品类揭示的是品牌能成功进入消费者心中的最隐秘而又最明显的秘密，揭示的是品牌能成功占据市场并成为第一的最隐秘而又最明显的秘密。

细节要下"笨"功夫

有一位物理学家曾制作了一组多米诺骨牌，骨牌一共 13 张，最小的一张长 9.53 毫米、宽 4.76 毫米、厚 1.19 毫米，比我们的手指甲还要小，它摆在最前面，然后是第二张、第三张、第四张……每一张都会比前一张大 1.5 倍，最大的第 13 张长 61.00 毫米、宽 30.50 毫米、厚 7.60 毫米，牌面相当于一张扑克牌的大小，但厚度是扑克牌的 20 倍。物理学家准确计算骨牌之间的间距后，将它们依次排列好，然后轻轻推倒第一张，随着第一张的倒下，第二张、第三张……依次倒下，直到最后一张全部都倒下。

当第 13 张多米诺骨牌倒下的时候，释放的能量要比第一张多米诺骨牌倒下时扩大了整整 20 多亿倍，结果令人惊叹！专家推算出，如果按照前一张比后一张大 1.5 倍的这种比率继续摆放，第 32 张骨牌倒下时所产生的力量足以将帝国大厦推倒。心理学家将这种由微小的力量逐渐转化成巨大力量的现象称为"多米诺骨牌效应"。

"多米诺骨牌效应"和"蝴蝶效应"有着异曲同工之妙。

"蝴蝶效应"是著名气象学家洛伦兹于 1963 年提出来的，指的是一只在南美洲亚马孙河流域热带雨林中的蝴蝶，偶尔扇动翅膀可以在两周后引起美国得克萨斯州的一场龙卷风。其原因在于，蝴蝶翅膀的运动会导致身边的空气系统发生变化，同时引起微弱的气流，而这些微弱的气流又会引起其周围的空气发生相应的变化，这种连锁反应最终使得克萨斯州的气候发生了巨大变化。

"多米诺骨牌效应"和"蝴蝶效应"听起来似乎有些不可思议。但这种事情却可能每天都在我们的身边发生，因为它符合哲学的"普遍联系性"原理。

这两个效应说明，在一个事件里面，一个微小细节的改变，足以造成一个反差极其巨大的结果，所以在西方有这样一首民谣："丢失了一个钉子，坏了一只蹄铁；坏了一只蹄铁，折了一匹战马；折了一匹战马，伤了一位骑士；伤了一位骑士，输了一场战斗；输了一场战斗，亡了一个帝国。"马蹄铁上一枚钉子的丢失，本来是一个十分微小、不易察觉的细节变化，但它造成的影响，却可能关系到一个国家的存亡。

哲言有云："古往今来有大成就者，诀窍无他，都是能人肯下笨劲儿。""这个世界聪明人太多，肯下'笨'功夫的人太少，所以成功者只是少数人。"成功没有捷径，成功的人都是肯下"笨"功夫的人，这种"笨"功夫，实质上就是一种扎实的真功夫、恒功夫。

《道德经》上说："天下难事，必作于易；天下大事，必作于细。"天下难事都是从易处做起的，天下大事都是从小事做起的。

同样，品牌产品的打造，也是从小事做起，从细节入手的。细节上的功夫决定了产品的质量，细节功夫越深，产品品质就越高。

一个品牌的消费者口碑，主要就建立在消费者对其产品品质满意度的基础之上。在竞争激烈的市场中，因不注重细节而失去市场甚至消亡的产品多如牛毛。

《世界环球质量月刊》的调查数据表明：95%以上的顾客更关注产品的细节，而从产品细节直接判定产品质量好与不好的顾客占97%以上。

在品牌产品生产流程的每个细节上，企业是不是下了"笨"功夫，直接决定了产品的质量是优还是劣，进而也就决定了这个企业的竞争力是强还是弱。

质量，是产品的生命。如果没有一套完善的、执行运作有效的细节保障和监督体系来支持，又怎能将产品的质量做好呢？

具有"奋斗为本"理念的植物医生，在生产的全过程中，严格执行国际标准制定的质量管理和监督体系，在每一个细节上，都全力做到万无一失，以市场信息和消费者的需求为前提来进行创新，力求产品能够始终如鲜活甘甜的源泉，滋润消费者内心的需求和愿望。

保证质量的关键，是现代信息化、数字化的生产。当你走进植物医生的"透明工厂"，你就可以发现，每一款产品和生产过程中的每一个环节、细节都是经过严格处理后才投入运行的。

植物医生产品研发中心盛美研发部新品内料研发陈思阳分享了自己亲历团队在研发防晒爆品——植物医生"小金帽"的细节过程中下"笨"功夫的故事："防晒是护肤的头等大事。据不完全统计，大部分皮肤问题都跟紫外线损伤和没有正确使用防晒有关。2016年之前的防晒产品，防晒指数最高只能标SPF30+和PA+++，大部分防晒只适合日常或者通勤使用。在运动、海边和其他易出汗的场合，防晒产品很容易被水或汗水带走，降低防晒效果。"

"随着人们生活水平的不断提高和越来越严峻的气候环境，SPF30+和PA+++已经远远不能满足市场和人们的需求。2016年国家药监局颁布新规将防晒指数从最高SPF30+提高到了最高SPF50+，PA从最高+++提高到最高++++。为了满足消费者对防晒产品的需求，植物医生成立了防晒专项研发小组，开发一款SPF50+、PA++++的具有更高指数和更高防护能力的防晒产品。"

图2-4　DR PLANT植物医生水漾柔润倍护防晒霜——防晒"小金帽"

"这样一款好的防晒产品的诞生,来源于研发工作者的不断努力。做好产品的第一步是优选剂型,当年最流行的是霜状质地,膏体厚实,稳定性好,符合大多数人对防晒霜的认识。在初次打样调试中,我们发现产品不尽如人意:体验感较差,涂抹性不好,在15人小样调研评估中,肤感满意度得分只有60分。在中期的试验中,我们发现水油分层的体系,体验感很好,涂抹性极佳。当时市场上还鲜有同类的体系,很新颖,但美中不足的是稳定性不太好。经过专项研发小组内部讨论,在与中国科学院昆明植物研究所科研团队、亚太皮肤科学研究所的专家深入探讨和进行'头脑风暴'后，确定了研发一款融合了防晒霜和水油分层体系的优点的摇摇乐剂型的产品。经过数百次探索实验，防晒露的基本框架初步完成。"

"防晒产品的抗水抗汗能力，一直以来都是一个技术难点。在海边、沙滩或者运动出汗的场合，涂好的防晒产品经常会被水和汗带走，导致防晒力度不够，甚至有白涂的感觉。为了突破这一技术难点，让防晒露具有很好的抗水抗汗能力，我们进行了上百次的实验，通过不同的配方架构、原料体系、技术等，在配方上不断超越和完善。在这期间，我们得到了品牌创始人解总的支持，以及中国科学院昆明植物研究所科研团队和亚太皮肤科学研究所专家的指导。在不断打样调试—送检模拟测试—打样调试的反复工作中，终于优选出了一个添加特殊的矿物粉末、油性增稠剂、油脂的组合，构建了一个智慧防水和水能加成的技术，让这款防晒露在遇到水分后，乳化剂、矿物粉末、油性增稠剂和油脂的组合会重新'排兵布阵'，从而使防晒露的防晒效能更强，耐水耐汗。"

"作为防晒产品的核心原料，我们对防晒剂的选用也是精益求精，优选知名原料供应商的高品质防晒剂。在兼具物理防晒剂的同时，一开始为了实验方便，我们采取了纯防晒粉末作为载体，操作方便了，却牺牲了防晒露的体验感和涂抹性。后来与中国科学院昆明植物研究所科研团队和亚太皮肤科学研究所的专家交流后，经过上百次的工艺与优化，通过高新纳米技术，制备出对紫外线具有高折光率和散射能力的超细氧化锌和钛白粉，在阻隔紫外线的同时，不会给皮肤带来过多的负担，打造轻薄透气的空气感。"

"很多人不理解，明明简简单单做一个普通的产品就好，明明有捷径可以走，不用这么费神、费力也能做一款可以上市的产品，我们为什么要费这么大精力，做这么多看似无用的工作？因为我们相信好产品就是要精益求精，就是要不断严格打磨细节，下'笨'功夫，想他人之所不想，做

以"笨"制胜
——解读"植物医生"发展之道

他人之所不做。社会生活有个很著名的概念,叫1万小时定律,意思就是任何一件小事只要做了1万个小时就是专家。我们所做的产品也是,任何一个产品经过了无数次的锤炼,也都能经受得住市场的考验,这正是'细节决定品质,匠心铸就经典'。"

不仅仅是产品细节,即使外包装的细节,植物医生所下的"笨"功夫也非同寻常。

与香奈儿的精华露一样,植物医生山茶花透润精华晚安面膜的包装瓶也是全透明的,因为两者都在产品中采用了国际最先进的微胶囊包裹技术。这是一种微量物质包裹在聚合物薄膜中的技术,能够提高产品的稳定性,防止各种成分之间的相互干扰。消费者可以从瓶外直接看到产品的形态,如果包装瓶不透明,消费者的感官体验就会差一大截。

图2-5 DR PLANT植物医生山茶花透润精华晚安面膜

也许你会问,一个透明的包装瓶能有多大技术含量?

这个问题的答案是:技术含量之高超出了一般人的想象。一般的化妆品,采取的都是不透明的包装瓶,消费者很难知道其中还剩下多少容量,基本都是用到挤压不出来后就废弃了。但如果包装瓶是透明的，里面还剩多少就一目了然了。设想一下，当你在使用过程中发现还有三分之一的精华露在瓶中却不能取用到，会是一种怎样的感受？植物医生的解决办法和香奈儿一样，采用全透明的真空泵解决方案，这种方案说起来容易，实施起来却很难。

现在市场上通行的真空泵瓶，是由一个圆柱体容器加一个安置底部的活塞组成。它的设计原理是：在灌装内容物后排除空气，形成真空状态，用按压泵头的收缩和大气压力推动瓶底活塞上升。但由于收缩力与大气压力并不能给予足够的力量，气压差并不够，所以活塞就不能与瓶壁贴合太紧，否则活塞将因阻力过大而无法上升前进；反之，如果要让活塞容易前进的话，又容易出现漏料情况，使得故障率非常高。

所以，真空泵压头的包装虽然能够有效地保护产品的新鲜度，可以避免消费者在使用时因为包装瓶的原因导致产品密度、物理稳定性受到影响，加速产品氧化，但是市场上通行的真空泵瓶是存在一定技术问题的。

植物医生通过高强度的研发和投入，用了一年多的时间，最终攻克了这一技术难题，并且申请了专利。有意思的是植物医生的真空泵瓶还解决了一个业界难题：在瓶身透明的同时，将真空泵做粗——它的真空泵和瓶身比香奈儿的同款产品要大3倍以上。

要下这种"笨"功夫，仅仅物料成本就增加了两三倍，除了植物医生，好像还没有企业愿意这么做。最关键的是，这还是植物医生自己的核心技术。

在下"笨"功夫上，综合管理中心品质管理部生产质量部的品质经理张素凤也分享了自己亲历"2秒的努力"的故事：植物医生始终致力于让会员满意。明星产品兰精灵——石斛兰鲜肌凝时肌底精华液自上市以来深

以"笨"制胜
——解读"植物医生"发展之道

受会员喜爱。

"为了给会员带去更好的体验和功效,植物医生研发中心的同事经过 272 次测试,历时 2 年集植物医生四大研发中心智慧研发出兰精灵 2.0,其中'双石斛因子'(铁皮石斛发酵滤液和铁皮石斛提取液)添加量高达 10%。加效不加价的兰精灵 2.0 得到了会员的热捧,纷纷表示兰精灵 2.0 效果更好、更滋润了!"

"产品上市后,品质管理部通过广泛的会员调研发现,有一个改善机会能够帮助会员更加快速地使用产品:通过反复模拟会员在不同情况下的使用习惯,我们发现兰精灵 2.0 由于更加黏稠,在正常情况下吸管胶头可以吸出足够一次使用的量,但如果挤压吸管胶头被快速提起,因为料体黏稠,管内空气还来不及排走就又被吸回去,就会出现'吸不出'的假象!"

"其实如果会员挤压吸管胶头时稍微停留 2 秒,给排气一个时间,这个问题就解决了。但这会影响会员体验,所以我们必须攻克这 2 秒的问题。"

"爱迪生发明电灯经过了 13 个月,试验了 6000 多种材料,测试 7000 多次,才有了人类 100 多年来的光明。我们虽然没有这么难的课题,但是我们却倾注了同样的决心。"

"面对这一严峻挑战,我们在协调管理工厂日常生产运作质量的同时,挤出时间,加班加点,不断试验,对比了国内外超过 40 款精华液,包括料体黏稠度差异、流速变化差异、包材设计差异,以及吸管胶头的容量空间、软硬度、厚度、密封性和吸管管子的长短、厚度、管嘴大小等差异。模拟快速吸料测试次数超过 700 次后,发现增大吸管下部的管嘴口径有助于该配方体系吸液量的改善,并探索出了吸液量和管嘴口径的关系,锁定了最优的管嘴口径,最终提升快速吸料量超过了 200%。"

品牌中心副总经理于文泽分享道:"2015年我们开始私模(公模就是大家共有的没有专利的制造模具,它是市面大众化通用的模具,采用已经设计好的塑料模块、电路,贴牌就可销售。比如很多廉价MP3,不是一个牌子但都是一个样子就是用的公模。私模是品牌自主所有的模具版权,从开模到生产,都独家所有,与众不同。由于开私模的价格更为高昂,很多厂家都不愿意开,一般是全球性品牌企业才会选择)开发计划,当时市面上的产品包材都是供应商提供的公模产品,我们品牌的产品,每个系列之间的包装形象也都不一样,滇青瓜的包材和元江芦荟的包材,除了Logo之外看起来就像两个品牌的产品。解总提出明确要求,必须做出我们品牌自己专属的包装。"

"我和产品部王总跑了很多注塑供应商、玻璃瓶包材供应商。第一次开模,盖子部分以失败而告终,因为缺乏经验,供应商无法控制不良率。我们及时总结,果断结束与该供应商的合作,优化调整注塑盖的图纸结构及材质,经历5个多月的漫长时间,终于成功实现了各个腔模的互配。"

"第一代私模面市,滇青瓜、野玫瑰首次应用品牌专属的私模包装,这是一次巨大的收获。从外观图纸到最终产品确定,我们经历了所有的环节及细节调整,积攒了丰富的经验。第一代私模研发完成后,我们后续开发了第二代、第三代,及其他众多的私模产品,目前我们已经累计开发了20多款私模应用于我们旗下众多的产品。"

"私模产品的品质我们要求更严,公差更小,互配测试完全合格、附着力测试完全合格、兼容测试完全合格后才会投入市场。对比公模产品的各项不确定性问题,更有保障,形象更统一,更能体现品牌的特点。'做好产品是唯一的出路',具体落实到设计部,从细节着手做好包装,就是我们唯一的任务。"

就像一位企业家所说的，企业在产品或服务上有某种细节上的改进，或许只能给消费者增加1%的好感。然而在市场占有的比例上，这1%的细节，却能够引起几倍的市场差别。细节的差距，往往是市场占有率的决定因素。

对产品品质的细节坚持下"笨"功夫，是植物医生迅速崛起的重要法宝。为了精益求精，百尺竿头更进一步，植物医生研发产品的周期也越来越长，大量的时间都用在了研发和各种测试上。

植物医生团队坚信，只有以充分的耐心，对细节下足够的"笨"功夫，才能不断研发出好的产品。

植物医生团队深知，企业要想有很好的发展，就一定要狠抓细节，推动产品工作的落实，扎扎实实地在细微处下足功夫，只有这样才能建立起"细节优势"，进而保证基业长青。

"一树一菩提，一沙一世界。"品牌的一切原本都是由细节构成的，在质量上，决定成败的必然是微若沙砾的细节，所以细节的功夫才是最终和最高的功夫。

其实，在细节上下"笨"功夫，也正是工匠精神的体现。《道德经》曰："图难于其易，为大于其细。天下难事，必作于易；天下大事，必作于细。"当今社会不缺乏拥有聪明才智之人，却很缺乏对细节下"笨"功夫的人。因为高效地做事，只能把事情做完，用心地做事，才能把事情做好。只有肯在细节上下"笨"功夫，才能练就"真本事"；只有肯在细节上下"笨"功夫，才能造就"好品质"。

品牌面子需要产品里子

我们知道,当品牌被市场认可并接受后,品牌就会产生巨大的市场价值,而能被市场认可并接受,品牌就有了面子。与人们有时候所说的那种虚浮的面子不同,这里说的品牌面子,代表着人们的一种信任,意味着人们对企业及其产品、售后服务、文化价值的认可和接受。

品牌的价值本源和内核,是产品的品质,即产品的里子。没有产品里子,就没有品牌的价值,也就谈不上品牌面子了。只有从产品里子出发,才能不失品牌面子的根本。那种把品牌面子与产品里子割裂的做法是不对的,市场上有一种所谓的"品牌战略",认为可以把符号、包装等同于品牌,通过给企业换一下包装,大幅度提高产品价格,品牌效益就能显现出来,而产品质量却可以毫无改进或创新,这完全是对品牌的误解。

经济学家曾对IPMS(国际塑胶模型爱好者协会)提供的近3000家厂商的信息资料进行研究和分析,结果表明,品牌最显著的特征,是能够提供更好的、更可靠的产品品质。

如果我们将品牌面子比喻为浮出水面的冰山,产品的里子就是隐没在水面下的冰山根基,没有厚实的根基,冰山便会从水面上消失,只有根基深厚、稳如磐石,冰山才能历久弥坚。

那么,在化妆品业,优质产品里子的品质标准是什么呢?

植物医生选择的参照物是香奈儿。2015年，植物医生推出了一款山茶花透润精华晚安面膜。香奈儿也有一款类似的产品：山茶花保湿微精华露。不同的是，香奈儿的精华露规格为30毫升，售价810元，合27元/毫升，而植物医生的这款产品规格为80毫升，售价188元，仅2.35元/毫升。

当然，价格并不能说明问题，产品才是重中之重。

对于关注产品细节的消费者来说，他们会更认可哪一款产品呢？

植物医生将香奈儿和自身产品，在消费者身上进行了长时间、大范围的盲测，结果显示：在完全盲测的情况下，消费者对植物医生的认可度，整整比香奈儿的精华露高出5倍之多。

这一测试结果，就连对自身产品深具信心的解总也稍感意外。因为香奈儿的知名度，毕竟不是现在的植物医生能比的，但植物医生的品质，却可以得到消费者如此高的认同甚至超过了它，解总意识到这款产品一定很有市场前景。

果然，2015年11月，产品一上市便在2000余家门店里迅速脱销，成为继高山面膜、手霜之后的又一爆品，截至目前已累计销售数十万支。

正是因为有着非凡的产品里子，植物医生才会被市场认可并接受，具有非凡的品牌面子。

自2019年4月26日，在日本大阪心斋桥商业街开出第3000家单品牌店，植物医生已进驻日本市场近一年。从担心一件商品都卖不出去到明星产品遇抢购热潮，植物医生在日本的销售情况远超预期，收获了媒体和消费者的无数好评。

门店的VIP黄金会员、已经70多岁的福岛女士表示："我对汉方一直很感兴趣，而且高山植物，又温和护肤效果也很好，非常适合我的肤质。"如今，福岛女士不仅自己成了植物医生的铁粉，还把植物医生推荐给了自己的女儿、媳妇、孙女，现在她们一家祖孙三代女性，全都用上了植物医生。

拉着准备高考的女儿一起来植物医生做护理的龟岗女士表示:"我特别喜欢植物医生的高山植物护肤品,每个月要来植物医生20多次,每次都要停留一个小时,让肌肤吸收很多的高山植物营养成分。"

图2-6　DR PLANT植物医生日本会员龟岗女士(右)在日本恳亲会上发言

而药剂师中野女士在因为一颗"恼人"的脂肪粒购入植物医生明星产品石斛兰系列后,也迅速回购成了植物医生的植粉一员。在参观了植物医生在日本的研发中心后,中野女士说:"原来只觉得植物医生的产品好用,没想到它还有这么大规模的原料产地和研发中心,让我彻底改变了对中国的印象。原来中国还有这么好的品牌,植物医生,真了不起。"

以"笨"制胜
——解读"植物医生"发展之道

图2-7　DR PLANT植物医生日本会员恳亲会——中野女士（中）

在日本的台湾同胞则表示，自己十分认可植物医生以及植物医生产品中所体现的中草药文化。在日本这种亚热带海洋气候的国家，最怕的就是脸上油腻腻的感觉，植物医生的高山植物护肤品质地清爽好吸收，自己和朋友都十分喜欢。

日本二店店长张如月分享了一个亲历的小故事："有一次，一对母女逛街的时候路过我们的店面，因为看见总有人在做护理，所以有点儿好奇地进店了解。一般在日本，做皮肤护理或者按摩等都会收取昂贵的费用。了解后知道我们的护理居然是免费的，觉得我们的模式很有趣，所以体验了护理。"

"那位母亲说，'我的皮肤细纹比较多尤其是眼周，还有点下垂。'"

"'那给您试用紫灵芝系列吧，它除了有灵芝发酵精粹，还有我们的专利成分年轻肽，抗老效果特别好。'"

"'好的，灵芝在日本我也有听过，放在很多汉方药里，挺名贵的。'"

"'是的，我们的产品都是由高山植物提取的精华而成，而且我们的灵芝精华含量很高，所以可以有效改善细纹、紧致肌肤。'"

"'那太好了，那就灵芝吧。'"

"据了解，这对母女之前一直使用资生堂、CPB等大品牌的产品。在体验护理过程中，我向她们简单介绍了我们的品牌文化等，并根据顾客皮肤状况为她们各自选择了适合肌肤的产品。护理过后，她们很惊讶我们的免费护理竟然这么好，还包括穴位按摩等。更惊讶的是，体验护理后她们发现自己的皮肤提拉紧致了很多。"

"'妈妈，你的脸变化好大！'"

"'哇，感觉下垂的皮肤都紧致了呢，眼睛好像变大了！'"

"'是的呢，能明显看到皮肤的改善哦，这只是一次的效果，长期坚持用的话，小细纹也会变浅。而且我们的店员都是经过培训的，结合中国的按摩，有促进血液循环的功效。'"

"这对母女在护理之后，对面部轮廓的紧致和穴位按摩的舒适度等都特别满意，所以当时妈妈就买了一套紫灵芝，女儿也买了一套石斛兰存在店内做护理用。一段时间后，她们给我们的反馈是感觉眼睛周围的小细纹少了很多，而且自己用App测试皮肤之后，皮肤提亮了很多，能明显感觉到自己的皮肤有所改善，这些方面是其他品牌无法比拟的。所以她们坚持每周都来店内做护理，2019年过年的时候，还特意为店里带了点心和问候。她们和其他很多植粉一样，因为上好的产品品质成为我们的忠实粉丝。"

以"笨"制胜
——解读"植物医生"发展之道

日本护肤技术和护肤产品,向来被认为是行业领先者,日本一贯推崇的匠人精神,也使得日本产品在世界市场上都有着过硬的口碑。大阪最繁华商圈心斋桥,更是被日本本土品牌大幅占领,几乎形成了药妆一条街。

而中国化妆品行业常年被外资品牌打压,研发实力和产品质量都远远落后于国际大牌,国货更常被市场吐槽质量差,导致日本市场对中国产品的接收度和包容度都极低,民族护肤品牌想要进驻强手如林的日本市场可谓困难重重。但对坚定发展品牌国际化的植物医生而言,即使是最难啃的骨头也要把它啃下来,历经前期数年的精心筹备,植物医生终于得以成功入驻,成为第一个在日本市场开设单品牌店的中国护肤品牌,一举刷新了世界对中国货的认知。

图2-8　日本消费者店内选购DR PLANT植物医生产品

深究其因,实质上就是因为植物医生坚持打造好产品里子,通过严格把控好高山植物原料、产品研发、运输生产、终端销售的全产业链链条的每一个环节,来保证最优的产品质量和护理服务。

图2-9　DR PLANT植物医生日本研发中心

随着高山植物护肤品惊艳亮相日本,植物医生力证国货崛起的不凡实力。未来,植物医生将始终贯彻以优质的产品里子来服务顾客,为更多消费者提供更纯净安全的肌肤护理体验。

广东顺德工厂总经理刘其东分享道:"植物医生顺德生产基地的员工

在产品里子方面，都有着深刻的认识。从产品设计、原料选用到生产过程中的 4M1E（人员、机器、物料、方法、环境）全流程控制，公司始终把产品质量放在最重要的位置。"

"有一次，广东省药监局的领导来植物医生顺德工厂检查工作，在仓库看到一款原料'氯化钠'上面标注着'药用级'，很是惊讶。他问道：一般的生产厂家都是使用'食用级'的原料，还有一些低端厂家会使用'工业级'，你们为什么要用'药用级'，这不是会增加很多成本吗？"

"一旁陪同的工厂总经理回答，我们所有的原料都是精选国内外的优质厂家，'食用级'的氯化钠会有3%左右的其他成分和杂质，'药用级'没有杂质，虽然会增加成本，但是可以减少消费者的过敏反应风险，所以我们一直选用'药用级'的氯化钠。"

"省局的领导又仔细检查了公司的原料存储、设备消毒、微生物控制和质量追溯系统，最后感叹说：'如果所有的化妆品企业都像植物医生这样重视全程控制产品质量，我们的工作就轻松多了！'"

采购部 OEM 组刘晶分享道："说到品牌面子需要产品里子，我就想起我们经营理念中的'留住核心，其余外包'，这句话也是解总日常会对我们提到的一句话，是解总对于资源合理利用的深刻理解。对此我印象最深的一个案例，就是2019年的爆品——大兰花面膜升级。"

"这款产品的诞生背景是，当时解总提出了在产品创新上要把产品性价比发挥到极致，让消费者用更低的价格买到更好的产品。而大兰花面膜本来在我们的市场销售份额中就占据一席之位，该产品原来用的是日本旭化成384面膜布，这种面膜布在日本是不被用来当面膜直接使用的。但因为中国人的使用习惯，销量一直还挺不错。不过，由于解总对产品要求很高，所以我们需要将大兰花面膜做进一步升级，于是就想到了用我们当时最高端的仙肌面膜膜布去升级大兰花面膜。仙肌面膜是我们最大的委外加工伙伴 NBC 生产的，他们也是国内数一数二的面膜加工厂，但这款膜布的价格，要比大兰花原有价格贵 32%。"

图2-10　DR PLANT植物医生石斛兰鲜肌凝时面膜获2019瑞丽潮流大番榜年度最具仙气补水面膜奖

"怎样将成本降到跟原有的水平一样，是我们面临的最大难题。于是任务清晰后，由小莫总带队，我们一起飞去了中山，与NBC的范总团队展开了价格谈判。小莫总对于采购谈判这块儿的能力毋庸置疑，他很好地贯彻了解总提出的'留住核心，其余外包'理念，抛出了配方共享的战略理念，并且从双方共赢的角度出发，指出只要我们拿到了极致性价比的产品，来自市场的需求就会源源不断地增加，让他们现有这款面膜布的年销量实现可观的增长。最终在长达两天的谈判后，我们完成了这次看似不可能的任务，而升级后的大兰花面膜也一举成为2019年最卖座的产品。"

在植物医生，全方位地精心打造产品里子，是从品牌建立之初就一以贯之的坚持。植物医生团队深知，产品里子是品牌面子的根基和前提，品牌面子是产品里子的发展和力量。没有产品里子，品牌面子将是无源之水、无本之木，只有具有持续优质卓越的产品里子，才会具有持续光彩照人的品牌面子。

品类创始者的红利

一般而言，消费者都比较喜欢用品牌名来表达品类，但是他们很少使用品类名来描述自己的感受。比如当你问顾客他们喜欢哪种类型的轿车时，他们很少回答"欧洲豪华车"，答案通常是奔驰或宝马；当你问某人喜欢哪种啤酒时，很少有人回答说"欧洲高档啤酒"，而是说喜力或贝克。

这种现象误导了营销人员，让他们忘记了品类而直接推销品牌，所以许多企业都会通过差异化战略（将企业提供的产品或服务差异化），来创造组织红利，增强组织的竞争优势。然而他们却往往忽视了一个更为重要的营销战略——通过品类创始来创造组织红利。这种忽视实在是一个严重的错误。

产品差异化只是创新的表象，真正的创新源头在于品类，品类的创新才是真正的、彻底的产品差异和创新。

正如艾·里斯在《品牌起源》一书中所提到的：真正在消费者心中具有竞争力的不是品牌，而是品类。让消费者产生购买欲望和消费驱动力的根本不是品牌，而是品类。消费者是"用品类来思考，用品牌来表达"的，当消费者购买产品时，只有先在心中决定好品类之后，才会说出该品类的代表和领导品牌。

因此，所谓的品牌竞争，实质是品类竞争；真正的品牌红利，实质是品类红利。

消费者真正需要的是品类，所以价值不在品牌中，而在品类中。也就是说，品牌只是达到目的的工具，品类才真正有价值，是你创品牌一定要注重的价值，懂得创始品类者才能拥有源源不断的红利。

美国商标和专利局有250万个在册品牌，其中大部分品牌都没有什么价值或价值很小，但其中也有些品牌价值达到了数十亿美元。

是什么让品牌具有价值？品类代表。

星巴克是一个价值数十亿美元的品牌，因为它代表"高端咖啡店"品类；劳力士是一个价值数十亿美元的品牌，因为它代表"高级瑞士手表"品类；红牛是一个价值数十亿美元的品牌，因为它代表"能量饮料"品类；汰渍是一个价值数十亿美元的品牌，因为它代表"洗衣粉"品类。

品牌有多强大，要看品类有多强大。如果没人想买昂贵的瑞士手表，那么劳力士品牌就没有价值；如果高端咖啡消费直线下降，那么星巴克品牌就会失去很大价值。

企业应该优先考虑开创品类，而不是创建品牌。如果你懂得成为品类创始者，你的红利将滚滚而来。

2000年，当众多果汁企业还在为谁的果汁更浓、更纯争得不亦乐乎时，你就是造出再好的果汁，抢占的市场份额也不会很大。于是统一鲜橙多默不作声地开创了非纯果汁饮料新品类，结果产品刚一面市，就立即引爆市场，让浓纯果汁企业目瞪口呆。

乐百氏在平静多年后，以创新的能量水"脉动"迎来了第二春，掀起了一股强劲的功能饮料热。

慈铭体检中心把原来在医院进行的体检项目抽出来，再辅以专业、系统和贴心的服务，迅速走红全国。

这一切都是品类创始所带来的红利！

从营销竞争战略上看，开创新品类，既避开了竞争红海，又活跃了消费市场，引领了消费需求，是赢得市场竞争胜利的重要手段。

旭日升开创了茶饮料、统一开创了果汁饮料、香飘飘开创了奶茶、蓝月亮开创了洗衣液等，这样的例子不胜枚举，新品类的开创者大都是该品类的最大受益者。

养元在企业发展的初期，采取了跟随策略，跟随的对象是露露杏仁露及其他领导品牌的饮料。在跟随领导品牌的同时，养元也意识到在这些领导品牌雄霸的领域很难有出头之日，因为这些品类已经形成品牌代表，所以养元就在植物蛋白的新领域，推出了核桃乳品类，也正是这个新品类，成就了养元100亿元规模的雄伟霸业。

我们跟踪研究了自20世纪八九十年代以来成功开创品类的30个品牌，它们都是第一个进入其所在品类市场并成为其品类代表的企业。数据显现，它们当中60%的品牌今天依然牢牢占据了第一的位子、第一的影响力和第一的红利。

我们已经知道品类创始能为组织带来巨大红利,那么我们怎么样成为品类创始者呢?

方法一:细分。比如,"碗碟"是一个品类,在这个品类下可以细分出"陶碗碟"和"瓷碗碟",这是品类的细分创新。

农夫山泉的成功就在于它细分品类的创新。在农夫山泉进入瓶装饮用水市场之前,行业已经人满为患。在青岛崂山1987年生产出第一瓶矿泉水后的10年间,国内生产矿泉水的企业就增加到了1200多家。后来纯净水也加入了瓶装水市场"争夺战",娃哈哈、怡宝、乐百氏、康师傅等品牌都各自占据了一方市场。

在竞争异常激烈、几乎没有立锥之地的瓶装水市场,农夫山泉怎么才能够争得一块地盘?

在我们普遍的认知上,山泉都是有点甜的。于是农夫山泉就打出了一句广告语"农夫山泉有点甜",它把山泉在我们认知里都认同的这个方面,变成了它的广告语,就突出了一个新的品类——天然水。凭借这个品类的细分创新,农夫山泉在上市后迅速掀起了一股山泉天然水风暴,上市仅一年,市场占有率就飙升到全国第三,成为饮用水行业里面的佼佼者。

方法二:升级。比如,"不锈钢碗碟"就是"钢碗碟"的品类升级,"非油炸方便面"就是"方便面"的品类升级。

方法三:创造。品类的创造,主要是通过跨界融合而获得的。比如,在乳制品行业中,乳酸菌就是完全创造出来的新品类,完全区别于牛奶产品。

相较于省力跟风现有品类,耗费更多心血、付出更多努力成为品类创始者好像是种"笨"方法,但是天道酬勤,努力做好品类创始,也一定会给你带来真正核心的价值和持续的红利。

产品最难是预测

解总说过:"零售就是卖好卖的货""保质保量不积压"。什么货是好卖的货呢?怎样保质保量不积压呢?这就需要进行产品预测。对每一个企业和每一个重要的经营管理决策来说,产品预测都是至关重要的一个方面,同时也是最难的一个方面。

产品预测是企业制订长期计划的基础。通过产品预测,生产经营者可以制定周期性决策,比如工艺选择、生产能力计划、设施布局等,同时预测还可以用在生产计划、调度和库存等活动上。

日本企业的利润率,排在第一名的是丰田,第二名则是7-ELEVEN。它大概有5万家店,是新零售连锁的全球标杆企业之一,它的整体利润比同行业第二名罗森和第三名全家加起来还要高出很多,创造了全球零售业的奇迹,其库存周转天数只有10天,毛利率高达90%,净利润率高达20%。

它整个的商品结构关键就是预测管理。作为新零售连锁的全球标杆性企业,7-ELEVEN的预测比很多企业都难,难在哪里呢?比如便当盒饭这种产品,生产出来以后如果卖不掉就得扔掉,浪费巨大。谁知道明天顾客能吃几盒,有几个人会买?万一不买呢?对这些问题,7-ELEVEN有一个科学的预测系统来处理。比如下个礼拜,某个便利店门口附近的学校要开一个运动会,开运动会意味着什么?有很多家长要来,要喝大量的水,吃大量的便当，于是那天的便当和水就准备了很多。如果看天气预报，过两天会下雨，到了下雨的时候，消费情景就又变了，雨伞可能就要提前备好了。如果没有预测系统，店里准备一大堆雨伞天天等着下雨，那这家店的效率就差到底了，也就难以持续发展了。

解总认为，做产品要做到准确预测的层次，产品才能真正处在一个成功的状态。

对于植物医生这样一个零售企业来说，最大的也是最难的一件事就是预测，因为所有的工业产品都是大批量生产的，几万支产量都是小数，要去迎合大的市场几十万支产量都是正常的。但是卖不掉怎么办？卖不掉，造成巨大的库存积压，企业就将损失惨重了。

不够卖怎么办？不够卖，问题也来了，本来能卖100万支，结果只生产了50万支，巨大的利润机会丢了。

由于大多数工业产品需要很长的周期和事先的准备，明年的产品需要提前半年以上考虑，一下订单又通常是几十万支的大产量，所以越是工业化的品牌就越需要预测，而准确的预测却是极为不易的。

在植物医生，至少提前半年就要预测：明年春天来了，美白产品要卖多少？明年的防晒能卖多少？这件事情对他们来说是最具有挑战的一件事情。因为订单一下，就是几百万元的钱下去了，成与不成，就在这一次。有时候这个项目做成了，另一个项目很一般，有时候那个项目不怎样，某一个项目却又成了，这样的事情几乎每年都会发生，所以预测是最难的一件事。为此，植物医生聘请了日本7-ELEVEN的碓井诚。碓井诚在7-ELEVEN便利店供职25年，曾任7-ELEVEN公司的常任董事、信息系统部部长，他建立了7-ELEVEN公司的信息系统，被誉为设计和建成支撑7-ELEVEN事业基础的第一人。

在预测方面，除了将一流人才纳入麾下外，植物医生还有一些其他法宝。

品牌中心设计部副总监雍小荣分享了自己参与打造"3毫升安瓿私模包材"的经历："在2018年,化妆品行业刮起了一阵医美风,把医用包材用于化妆,突出功效。医用安瓿盛行,但玻璃安瓿对于普通消费者来说,还存在着使用时玻璃残碎的安全隐患。塑胶PP类的安瓿没有玻璃的质感,无形中降低了产品档次,而有质感的塑胶材质PETG在行业中又很不成熟,而且行业中均是用公模1.5毫升安瓿包材。"

"通过预测,植物医生决定储备品牌私模包材,开发3毫升的PETG安瓿私模包材。在2018年初,安瓿流行于化妆品行业的初期,这个开发就被提上日程,设计部、产品中心定下开发私模3毫升安瓿计划。"

"谋定计划后,我们迅速落地包装研发和包装设计。对市面的塑胶和玻璃安瓿不断收集与规整,汲取优点,改进不足,同时采购部也不断地排查摸底优质的供应商。通过前期设计排查、后期不断优化以及近9个月的准备,完善了各种方案,筛选出了优质供应商。之后于2018年底,3毫升安瓿私模正式进行开模。由于前期的计划早、准备足,模具及产品在2019年初,通过验收,包材顺利投产。"

"好的包材还需合适的内料来搭配。2019年9月,3毫升私模安瓿果然迎来自己的契机——积雪草晚安睡眠面膜、石斛兰晚安睡眠面膜等产品一立项,包材就马上投入使用,经产品验证合格,积雪草晚安睡眠面膜在12月就上市了,而且产品好评如潮。相对过往一般产品立案才配套开私模,动辄需要6~10个月时间,包材匆忙上市的情况,这次由于提前预测,我们仅仅用了3个月的时间,大大缩短了整个产品的开发周期,加快了产品上市售卖的周期。"

商品管理中心计划部副经理王帅帅分享了关于通过预测,压缩了面膜品类,集中聚焦,打造出爆品大石斛面膜的经历："公司在2018年大力实施门店和产品 SKU 扩张的战略。2019 年经过多轮门店寻访，当问及一线美导在为顾客推荐面膜会优先推荐哪一款时，回答众说纷纭，有些美导甚至会回答不上来。因为我们面膜的品类实在是太多了，不包括下架的就有 63 款。"

"通过对市场的预测，大石斛面膜于 2019 年 8 月全新升级上市。而在 2018—2019 年，面膜集中压缩掉 43 款，保留 20 款（未来还将继续压缩到 10 款左右）。"

"这次预测后的压缩面膜行动，带来了什么？"

"一是销售金额的提升。自面膜品类压缩以来，植物医生 2019 年销售额 31.6 亿元，较 2018 年增长 28%；其中面膜全系列 2019 年销售较 2018 年增长 41%，其中大石斛面膜增长 84%，仅仅是大石斛单品就贡献业绩 1.8 亿元。"

"二是成本大幅降低。面膜集中主推大石斛，一年内累计下单 3 次，共计四千万片。对于供应商来说，大订单帮助工厂能集中、连续生产，大大提高设备利用率（不需要频繁换线），工人熟练程度高，工厂总体效率高，大幅度降低了工厂总体成本。对于我们企业来说，不仅成本降低了，同时供应也更稳定了，从未产生断货和积压的情况，能为一线提供源源不断的'弹药'。"

"三是一线销售明确。公司美导全体主推大石斛面膜，提高了成单效率，减少了客户的选择困难，同时也降低了产品销售培训成本。在实施品类压缩政策之前，与安徽区域一位有 20 多家门店的大客户闵三燕的对话让人印象特别深刻。她对这个政策表示十分认同，明确表述了顾客只会购买经典款的经验，并表示这个政策同时还能使员工清晰营销目标，明确顾客买向。"

"四是产品品质提升。在升级的大石斛上市之前，公司对于未来的销量已经有了比较乐观的预测，同时投入了大量的内料研发费用，面膜布也是选择供应商当时品质最好的面膜布。"

"所以，基于对爆品集中的预测，我们收获了更多的硕果。"

采购部包材组庞庆丽说："我们主系列所用到的包装容器都是植物医生的私模，只有植物医生品牌才能够使用，也就是所谓的定制品。其中共用的泵头铝件、茶色玻璃精油光瓶、主系列大货共用玻璃光瓶等，因为是特殊颜色而且工期又非常长，所以常常造成断货，特别是我们热销的石斛兰系列及精油系列更是屡屡断货，每周的公司例会都会被点名批评。"

"于是在小莫总的带领下，包材采购组群策群力、商量讨论并且马上制定了方案，决定根据半年的主计划结合往年的采购数据进行预测，与相关供应商签订成品或者工艺半成品的备货协议，提前准备安全库存。这样一来，当这些定制品的安全库存形成的时候，我们就再也不用担心因为一些紧急活动而造成断货的问题，大大缓解了定制品交货难、生产周期久的劣势，交付周期也因此变得更加灵活。"

商品管理中心计划部副经理王帅帅说："门店经常会抱怨花在订货上的时间过长，同时为自己不知道订多少货和订什么货感到困扰。全国平均门店库存系数大于3个月，大部分门店面临滞销品积压，库存分配不合理的状况。部分门店经常反馈顾客进店想买的货没有，不要的货有一堆。这个有关门店库存的问题，是我们商品中心特别想解决的一个痛点。"

"在一次公司高层培训中，解总的老朋友陈鹏也受邀来为大家分享如何成为一个好的项目经理，商品中心总经理苑鲁宁提出了这个令人困扰的门店库存问题。基于对未来的预测，我们借着这次培训的机会，成立了推荐订单项目小组，联合IT中心共同开展。"

"订单系统是什么？简单地说就是一款货物订单自动推送的系统，后台通过大数据运算为每一家门店提供每个单品的订货数量，从而实现客户或店长一键订货的需求。"

"为了将预测充分应用到项目之中,我们梳理了预测的思路:第一,根据每一家门店的每个单品历史销售,结合未来活动方案,推算门店下一周期的销量;第二,结合大仓和门店现有库存,门店自由选择订货周期,推算门店每个单品的订货需求量。"

"这样,项目针对门店未来的销售预测,从成立之初就分了两条线进行,一方面通过人工算法成立模型,目前已基本实现全国推广,销售准确率达 90% 以上;另一方面 IT 中心配合启动 AI 智能算法,利用机器学习进行更精准的运算。"

"成功开发出推荐订单系统后,为我们带来了什么?一是整体缩减门店订货 50% 的时间,由原先半小时订货缩减到平均 15 分钟内完成订货,部分门店实现 1 分钟快速订货;二是优化了门店库存结构,减轻门店库存压力,解决了门店压货问题。"

除了吸收一流预测人才,群策群力不断钻研,进行先进的订单系统研发和 22 大经营理念中的"计划早,准备足,实施快"这些法宝能帮团队克服预测的难点,实现有效的预测外,植物医生的另一条经营理念"强大的总部,敏捷的店面"也是产品预测的重要支撑。

植物医生总部不断深挖数据价值,不但掌握了全面的消费者信息,还通过了解顾客来进行研发产品、预测购买,甚至预测销量,制订生产和库存计划等,真正实现了信息化管理,数据化生产。

诚如财务中心总经理杨建林所言:"一线门店产品的销售进度、产品质量、库存数量情况,植物医生总部都能快速和精准掌握,进而更好地进行生产规划、销售预测和产品的更新迭代。与此同时,我们的客户可以通过直发系统,以门店为单位直接向植物医生总部订货,运营公司及各级发展商(如钻石、精英等)就不需要以层层的经销模式进行压货或囤货,可以通过高效的物流网络,从全国八大仓向4000多家门店实现快速发货、补货,这样我们就在满足终端零售需求的同时真正做到了库存不积压,大大减轻了经销商的资金压力。"

产品的销量离不开预测,品牌的成就离不开预测,预测最难,但是只有把最难的事做好了,才能有最想要的成就。而要想做好最难的产品预测,了解未来没有发生的情况,就需要我们在上述方面下功夫,踏实走好每一步。

质量问题要零容忍

质量历来被视为品牌的生命,是品牌的本质和灵魂,这是由质量的重要性决定的。质量,是满足人们需求的效能,是品牌的核心,是品牌的基石,也是品牌长盛不衰、畅销不衰的支柱。能否保证产品的质量,决定了企业的成败,企业对质量问题要有零容忍的态度,严守质量防线,才可能取得品牌的成功。

植物医生山茶花透润精华晚安面膜上市后,一度供不应求。有一次各个分公司急需配货,产品生产出来,质检在打开200多支的时候,发现了一支次品,外观不太好,导致有时候挤压不出来产品。反映到解总那里,他当即表示先把这200多支全部销毁,再打开500支,如果再发现一支次品,就再一次全部销毁。结果,500支产品中,再次出现了两支次品。他没有丝毫犹豫,马上要求全部报废,因为这并没有达到植物医生的品控目标。

零容忍，这就是植物医生对质量问题的态度。植物医生对质量管理极为重视，绝不会为了降低成本而忽略质量。

植物医生的目标是以安全可靠的产品、优质的质量、高性价比和有效的服务，满足顾客日益增长的需要。正如《中国连锁》杂志前主编陈岳峰曾指出的："植物医生是一家始终坚持产品研发和产品品质至上的企业。"植物医生对产品的品质要求首先是安全，其次是功效。对于品质的追求从来不吝惜投入，原材料的采集均来自世界一流供应商，与此同时，始终将研发放在品牌发展的重要战略位置，持续加大研发投入。和中国科学院昆明植物研究所联合成立"植物医生研发中心"，在北京设立"亚太皮肤科学研究所"，在日本东京成立"汉方护肤科学研究中心"，在高科技条件下推出产品，产品不仅经过严格出厂把控，还有专业的品控顾问把控产品质量大关，来为消费者呈现放心可信赖的产品。

始终以消费者需求为先的植物医生，为了让消费者更加懂得辨识护肤品的品质、避开劣质产品，从原料、研发等各方面深入了解到护肤产品性能，准确选择到健康、高效、适合自己的护肤品，建立起了业内前所未有的"透明工厂"。

这座工厂对所有消费者公开化、透明化，欢迎所有消费者对业内所担心的问题进行深入了解和比较。

这座工厂采用了最先进设备，引进国际顶尖评估人员进行品控管理。这不仅是中国国内品控水平最高的透明工厂、智能工厂，而且作为化妆品行业唯一的全透明产业链工厂，实现的是全行业的最高标准。

因此，植物医生"透明工厂"以品牌强大的科研实力和高水平的质量安全管理获得了国家级高新技术企业认证，也获得了全球领先的质量和安全服务公司、国际权威第三方公证行和检测机构英国Intertek的三大认证。

论及打造优质产品、杜绝质量问题方面，我们还有必要提到植物医生颇为重视，被作为一条经营理念来勉力践行的要求："以绩效论英雄，让PK文化蔚然成风。"

以绩效论英雄，就是精准落实、有效落实，干一件成一件、做一桩成一桩，努力创造实绩，创造佳绩。

员工的业绩是PK出来的，没有竞争就不可能有一流的绩效，没有竞争就会丧失应有的危机感和忧患意识。

植物医生集团副总兼运营中心总经理Julie说："2019年年会，解总讲过一句话：用人至狠，爱人至切。这句话让我特别受益，我认为这句话对所有管理者都能有启示，用人你要用到狠，爱人你要爱到切。一个团队的打造，我觉得灵魂人物就是'领头羊'，解总本身也给我们起到了一个非常好的典范作用。另外也是非常关键的方面是，在管理制度中，根据员工的绩效，形成收入的差异化。你是做得特别好的人，就应该得到公司对你高度的认可，一个是荣誉的认可，另一个是物质的认可，我觉得这是对成长激励的两个维度。一个人在企业中的成长有两方面，个人的成长和财务的成长。在过去的这两年，我们在运营队伍的建设上，基本上就是按照这个思路去进行的。"

"在我们团队中成长起来的每一位个体，自然而然就会具备一种力量。这种力量就是我们内部经验分享的力量，是一种懂得不断切磋琢磨、取长补短的力量。我们实际上是一个重视内部竞争而不是外部竞争的企业，我们特别喜欢'PK'，从来都不把外部竞争太当回事，因为外边的参照物并不多，而我们的评比每年都有。"

"我们'PK'最关键的一个规矩是什么？我把你干掉，然后我还要告诉你，我是怎么干的，让你也学会，这是我们品牌的核心竞争优势。"

"我们的'PK'都是公开透明的，其他企业很多'PK'好像都是暗箱操作，我们全是公开的。甚至我们老总之间会说：'我今天要把你干掉！'两人都还是笑着在聊天。大家都很乐于接受这种文化，不怕培养对手，培养对手是让自己更加有力量，让自己更加具有坚毅的性格。"

"人实际上最核心的还是思想，思想的碰撞和交流特别重要。我们内部的交流，包括总经理之间的交流，比其他很多企业都要多，而且这种交流、碰撞已经不是一天两天了，十几年来大家一直都在不断比拼，不断PK着。这种PK也给大家带来了工作热情和激情，带动了团队成长。"

当企业管理者把企业变成一个"PK场"，形成一种PK文化，职员就会强烈意识到竞争的存在，就会更积极地参与到竞争中，主动发掘自己的潜能，不断拼搏、不断奋进。由此，企业的生存环境会得到优化，企业的发展活力将永远不会枯竭，团队的战斗力也会直线上升，从而带来产品质量的不断提升。

质量是企业生存发展之本、成长壮大之基，也是企业永恒的课题，质量的发展和更新改进是无止境的。企业一定要以痛恨质量问题的态度，来打造产品、创建品牌，以持续的科研投入和高水平的质量安全管理，来保障质量、提升质量，同时，采取"以绩效论英雄，让PK文化蔚然成风"等方式，通过内部竞争，来带动团队成长，提升团队战斗力，从而最大限度地杜绝质量问题，打造优质的产品。

在某些人看来，植物医生对于品质的追求从来不吝惜投入，不为降低成本而忽略质量的态度和行为是一种"笨"；在某些人看来，植物医生对于品质质量的极致追求并不必要。然而植物医生深知，只有这样"笨笨"地坚持追寻优质产品的真，才有优秀品牌的永恒，才能保持企业的生命力，让品牌长盛不衰，实现消费者、团队和品牌的共赢。

成长启示录

在植物医生总部的数据中心,有一面专门用于复盘的墙,植物医生称为"成长启示录"。

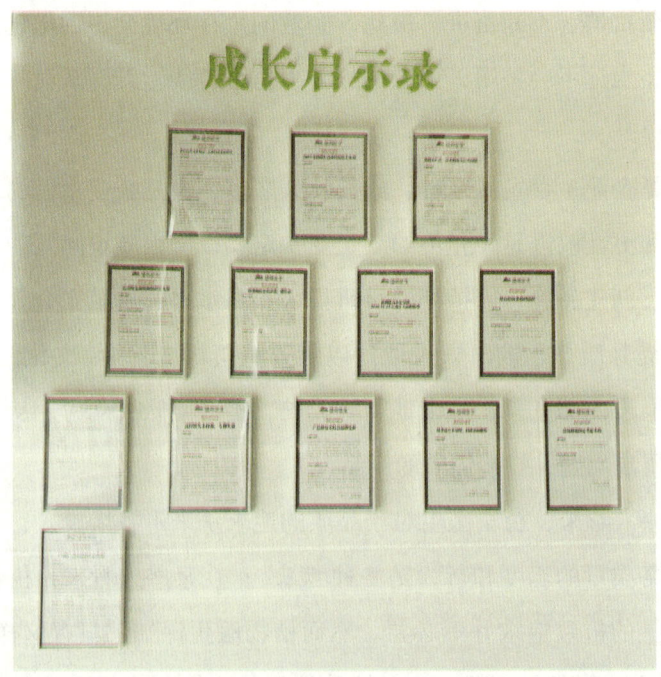

图2-11　DR PLANT植物医生的"成长启示录"墙

这面墙的文字框里,清楚记载着植物医生团队里"曾犯过的各种错误",并分别从事件描述、改进方案及如何规避的方面进行了叙述和分析。

比如,其中一个框里记载的"系统不稳定影响订货瘫痪"的错误。

事件描述：直发系统在防晒订货会时，因系统崩溃，影响了所有门店订货，并消耗大量的人力沟通，处理数据不一致，持续 3 个月才完成。

改进方案及如何规避：

1. 充分测试，保证系统稳定性。

2. 提高开发人员责任意识。

又如，"炫彩眼影条形码错误"事件。

事件描述：由于包装设计工作的疏忽及新品校对人员未发现焕粉大地色眼影与炫彩眼影条形码相同，且印刷生产了 20000 个包装，导致炫彩眼影包装报废，致使公司损失 5600 元。

改进方案及如何规避：

1. 部门内部强调制图的严谨性，跟项目管理部共同商讨校对审核的严谨性。

2. 对设计总监、主管、设计师、新品经理、新品专员统一处罚，吸取教训。

其他还有"会员政策修订考虑不周""预测能力不足导致 2018 年 11 月 11 日后大面积断货"等错误，都分别对事件经过和改进方案进行了简洁明了的阐述。

为什么要设置这样一面"成长启示录"墙？

这是基于植物医生经营理念中的一条基本理念——"过勿惮改，不二过"。

孔子最得意的弟子并不是那些才高八斗的人，而是看上去非常一般的颜回。孔子对他的评价是"颜回无二过"，因为颜回能自省，所以成长为孔子的得意门生。

其实，成功者之所以成功，不是他不犯错误，而是他能吸取错误的教训，并将其作为宝贵的经验。当再次面临同样的问题时，他能运用以往的

以"笨"制胜
——解读"植物医生"发展之道

经验解决问题,并且不再出现以前犯过的错误。失败者之所以总是失败,是因为一旦遭遇打击,就以各种各样的借口来推卸自己的过错,结果往往一错再错,在错误的道路上越走越远。

谁都不愿意犯错,但谁都很难避免不犯错。犯错并不可怕,重要的是及时改正错误,并把错误作为自己成功路上的警示牌,吸取失败的教训,提醒自己不要重复犯相同的错误,做到"不二过"。

所以,植物医生设置这样一面墙,意在让这些错误、失败的教训成为大家长期的反面教材,让它像警示牌一样立在心中。

正如解总强调过的:"责任心是最优秀的品质,所有的制度流程都不能替代责任心。"要想使失败转化为成功,做到"不二过",企业成员必须不断强化自己的责任心,在犯错失败之后做深刻的反省,把前因后果加以分析,找出犯错失败的根源,总结经验教训,进行复盘、反省,才能使悲剧不再重演。

商品管理中心计划部詹玉婷分享了一个犯错后因为责任心而"不二过"的故事:"一款持续使用3年的物料,采购价格12元,财务结算数量和仓库入仓数量一致,账目看不出问题。后因新的物资管理员回答客户该物料规格按什么计算时,疑惑于这个物料为何如此贵,于是开始深入了解了这个物料,发现采购价格比市场价高出许多,经查证是系统维护的规格信息错误,把12元每包写成12元每个,导致价值2元的物料以12元的价格结算。之后,追回多结算货款,修改系统价格。"

"事件暴露出很多漏洞,公司因此重新更换新的财务系统。采购初期信息输入时会多方确认,流程精细化、透明化,保质保量,严格把关。"

"制度不会发现问题,责任心是优于制度管理的。有责任心的员工可以避免制度之外的问题出现,及时止损,纠正错误,避免造成更大的损失。"

质量部高级工程师孙飞分享了自己亲历"34个小时的坚守"的故事："2020年3月的一天，顺德工厂品质管理部检验员发现供应商送至工厂的、用于50倍防晒露的个别内塞出料孔有堵塞风险。为保证生产顺利进行和市场供应，早上9点收到信息后，我第一时间冲去工厂仓库对内塞进行排查，锁定内塞模具号。经过大量细致的排查，数据显示有三组模具号的内塞孔有堵塞风险，其中1个模具号的内塞偏严重，收集整理计算好数据后，立即召集相关同事开会，研究制定方案。"

"中午12点，我驱车前往该内塞的供应商处，对模具、注塑生产等各个环节进行排查，最终锁定原因为模具镶针磨损导致。为做出新的镶针替代不合格的镶针，并确保新镶针合格，我和模具师傅一起仔细对模具各配件重新保养，把新镶针做好并进行替换。经过5个小时的努力，模具终于可以上机试产了，在进行2次的模具调试和检验确认后，放行了大货生产。为了确保新模具稳定性，将对交付的损失降到最低，我彻夜在供应商注塑车间监督生产，抽样检测。在噪声大、温度高的注塑车间一直蹲点到第二天上午10点，彻夜未眠，监督生产出了2.8万支合格内塞后，我跟车回到了工厂，没有休息片刻，随即又投入到跟进顺德工厂现场生产的工作，直到亲眼看到生产出的合格产品。"

"连续工作34个小时，其中有14个小时都是在供应商嘈杂的模具车间和注塑车间度过的，当时自己感觉已经不为车间噪声所影响，从车间出来后产生了一种错觉，总感觉脑袋瓜嗡嗡嗡的。"

"忠于职守、勤勉尽责是一名工作人员起码的职业操守和道德品质。每个人的岗位不尽相同，所负责任有大小之别，但要把工作做得尽善尽美、精益求精却离不开一个共同的因素，那就是具备强烈的责任心。有了责任心方能敬业，自觉把岗位职责、分内之事铭记于心，该做什么、怎么去做，及早谋划、未雨绸缪；有了责任心方能尽职，一心扑在工作上，有没有人看到都一样，做到不因事大而难为、不因事小而不为、不因事多而忘为、不因事杂而错为；有了责任心方能进取，不因循守旧、墨守成规、原地踏步，而是勇于创新、与时俱进、奋力拼搏。"

对于责任心带给人们的成长启示，供应链管理部吴冬梅分享了一个因责任心而完成不可能任务的故事："随着市场竞争越来越激烈，我们新品开发的速度和周期格外有挑战。2019年12月，我们开发的概念新颖的安瓿面膜要正式量产了，包材是我们自己定制的私模，按照正常的生产周期起码要90天。

"但因为要赶在开年的季节上市，我们只能不断地给加工厂打'预防针'，做好前期准备。谁知正式订单确认后的数量，还是让我们吸了一口冷气，套盒加单支的数量达到了300万支，要求交付的时间是2月底。中间还夹杂着中国人的传统节日——春节，前后加起来不过60天的时间还面临春节所造成的影响，实际可用的时间只有45天不到，前所未有的压力让我们严阵以待。"

"于是在第一时间确认订单后，我们就马上组织了OEM和包材供应商的人员一起当面讨论排期，怎样把可用时间压缩得一点儿都不剩，那几天我们连夜排计划，并且随着生产进度的实时更新，团队每个人每天都因此加班到晚上9点以后。"

"但是，当我们看到结果时都倍感欣慰。在我们不懈努力以及小莫总的大力支持协调下，积雪草安瓿晚安面膜2019年12月下单，单支装2020年1月入仓，盒装2020年2月开始入仓。"

"回顾此事，尽管在这一过程中，我们还经历了新型冠状病毒肺炎疫情的冲击，很多企业因此无法复工，给我们所有的产品供应造成了雪上加霜的结果。但是责任心是在困境中最能帮助到我们的动力，因为团队每个人的责任心，对供应保障的决心，致使我们完成了一项又一项看似不可能的任务。"

"我们知道,或许以后还会面临一些日常的断货压力,但是只要我们始终怀揣着责任心,就一定能够攻克所有难关。"

在品牌的成长启示上,除了需要增强团队的责任心,还需要树立先进的榜样。先进的榜样像一面旗帜代表着努力的方向,先进的榜样是一种资源凝聚着集体的力量。榜样的力量是无穷的。当企业树立一个看得见的先进榜样在人们身边,榜样将深深影响着人们的一言一行,给人们以前行的动力,激发人们的上进心,强化人们的自觉性。于是由一到十,由点及面,最终将实现先进榜样的普及化,人人都有提升,个个都会进步。所以在植物医生的22大经营理念中有一条"树样板,学先进,增满意"的经典理念。

在"树样板,学先进,增满意"上,植物医生集团副总兼运营中心总经理Julie分享了一个比较有代表性的故事:"以前我们都是以超市店为主,在这个过程当中,长期的理念都是开大店,通过增满意来提单产——从最早做单品牌店开始,就一直有这个思路,开大的店面,增顾客的满意,提升店面的单产。"

"在我们超市店面的不断运作过程中,我们发现业务在这个渠道越来越窄了。因为超市的消费群体发生了变化,基本都是偏中年到老年的这个层面,而我们的产品对标是18~35岁。"

"经过分析、考察、研究后,我们决定让大家都集中到商圈开店,但这个决策落地却经历了一个挺难的过程。"

"我们最早从超市出来开街铺的时候,大部分的店面百分之六七十都是开在商超。我们云南的老总代雪松是第一个享受号召开街铺的人。"

"她开了之后我们发现,以前她虽然在超市开得特别成功,但是街铺没有经验,所开的20家店全部都亏损了。"

"通过反思、分析，我们引导她从街铺集中开到商圈去，因为街铺基本上是属于商圈外围的，不聚焦，客流不够就很容易出现问题。当引导她去最核心的商圈开店后，门店很快就扭亏为盈了。"

"她在核心商圈开大店后，公司也给到了对于大店的支持、补贴和运营培训。运营方面的培训，主要有两方面，一是店面四要素，二是战术上的方法，让她能增加顾客的满意度，顾客满意度增加了，单产提升了，挣到钱了，她自然就会跟着公司的方向一路跑起来。"

"后来云南省的店面覆盖率达到了70%，每年还在以30%的速度增长。她把云南做成了榜样和典范，对其他省的团队成员起了很好的示范和带动作用。于是我们又给她扩大区域——贵州省，结果在2018年，贵州省又以93%的速度成长，贵州这一年又做得很好，我们又给了她湖南省区域，让她继续按照这种集中商圈开大店的模式，增满意，提升单产。"

"代雪松从第一次没有针对性地址的开店，到后来按我们引导的集中商圈开店，一步一步发展了起来，一个市场一个市场的攻下了堡垒。我觉得这就是一个蜕变，人还是要相信反思和正确坚持的力量，谁也不能保证我做这件事一开始就能马上成功，但如果你坚信这样一个方向，在反思中不断进行改进，跟着公司的大思路，终有一天能得到想要的东西。"

"还有一个故事是关于我们陕西运营公司总经理裴翠巧的。"

"裴翠巧来自农村，父母从小给予的生活还是相对优越的。但是结婚成家后，她才知道想要在农村过上幸福的生活，没有想象中那么容易。裴总老公家庭条件一般，与周边邻居相比，那种优越的生活已然不复存在，她唯有走出农村，向外发展，才能让自己和儿女不为生活担忧。于是她毅然决然地选择来到首都北京找工作。在一次非常偶然的机会，她有幸和植物医生品牌结缘，2005年6月10日她找到了踏入社会以来的第一份工作。"

"美导是裴总进入植物医生这个大家庭中的第一个职务,那时的她懵懵懂懂,看着店长和顾客聊天时的微笑,成交后的喜悦,顾客满意后的离开,信任后的再次购买,这一切的一切都让她无比崇拜。"

"所有的事物与知识对她来说都是新鲜的,裴总坚信三人行必有我师,别人拥有的定有她所欠缺的,只要通过学习加上自己的努力也定能成为更好的自己。"

"在做美导的工作实践中,她总结了三点:从小事做起,学会吃亏,与他人合作。从小事做起,不是一直满足于做小事,也不是夸夸其谈、好高骛远,而是认真做好每一件事,哪怕只是一件小事;学会吃亏,不是忍受吃亏,而是不斤斤计较于一时的是非得失,学会顾全大局。这几点总结,裴总在工作中时刻谨记着,她被提升为店长后,更意识到这几点让自己受益匪浅。"

"随着公司的快速发展和扩张,裴总也因为销售业绩较突出,而被提拔成为店长。从美导到店长,角色不同,所面对的问题亦不同。初当店长,自然碰到不少困难,最初她也常感到一筹莫展。比如,第一次处理问题顾客、第一次独立管理店面事务、第一次心里想着要让员工信服等。但裴总没有打退堂鼓,也没有什么杂念,而是通过不断的努力学习、思考和实践,对自己的管理能力进行提升,把自己管理的店面当作自己的家庭一样去经营,每天都怀着饱满的精神面对每一位顾客,所以她成长得很快。"

"后来,裴总担当了城市经理一职。此时的工作已不再限于把店面业绩做好那么简单,而是要把自己在店铺积累的销售知识传递到客户那里,协助客户提升业绩,让客户跟着植物医生也能挣到钱。在这期间裴总一直坚定地传递公司政策,引导客户树立做大做强的信念,并得到了公司领导的信任,被提升为加盟总监。"

"2015年至今,裴总一直管理着陕西植物医生,她更深刻地体会到要把西北市场做大做强，也要通过'树榜样、学先进'的理念。"

"裴总到陕西公司的初期，就一直和团队讲，要向四川公司学习，他们单产高，业绩完成率也在全国的前几名。裴总一直在坚持找竞争对手，学习他们，超越他们，在接手陕西公司5年的时间内，将陕西公司由最初的亏损扭转为了盈利。近两年她将安徽公司作为学习的对象，她强调既要让团队成长，还要让企业盈利，就要找可竞争可学习的榜样。"

吸取错误、失败的教训，可以让团队成员从错误中成长起来，从挫折中强大起来。"过勿惮改，不二过"，强化责任心，可以提升团队成员工作出成效、少犯错误、不走弯路的主观动力。"树样板，学先进，增满意"，可以激励团队成员的工作积极性、创造性和潜能。这些理念都是启示成长的根基和源泉，是实现团队共兴、品牌成功的动力和能源，需要我们给予足够充分的重视。

5P之三3P（Place）
完美体验是渠道的任务

大道甚夷，而人好径。
——摘自《道德经》第五十三章

以"笨"制胜
——解读"植物医生"发展之道

"笨"一点儿才能存活下来

近些年,电商的冲击让实体零售业受到了前所未有的挑战。在电商的浪潮下,大型商超关店、线下服装店倒闭、化妆品企业缩减门店数量等报道屡见不鲜。

但事实上,在线下实体遭受互联网冲击的表象之下,实体零售业的发展呈现出冰火两重天的景象:一面是部分传统企业纷纷缩减门店,或转型触网谋求发展;另一面是植物医生依托实体快速发展,业绩也持续逆势增长。

比如,2014年初植物医生的线下门店数量仅为1600家,短短一年时间,植物医生新增线下门店400多家,整体门店数量一跃超过2000家,其扩张速度令行业咂舌。到2020年,植物医生已在全国以至全亚洲300多个城市拥有逾4000家单品牌专卖店,全球会员总数突破1000万人,更连年实现营业收入高增长。

在实体经济发展遇冷的背景下,植物医生的逆势扩张与实体门店发展给人感觉很"不搭",都说线下门店经济没落,植物医生为什么能在逆势中快速发展?

当然,植物医生优质的产品、良好的用户体验和口碑支撑肯定是主要原因。以信息为主导的互联网与以机械为主导的蒸汽、以电力为主导的电力一样,是企业、品牌的一种生产运营工具。当各企业都掌握了互联网工具,完成了互联网转型,商业必然会重回本质——回归到对产品和服务的精进。所以,对于经营实体店的企业而言,只要有优质的产品、良好的用户体验和口碑支撑,就不用太担心会被互联网颠覆。

不过,植物医生的逆势发展除了产品、用户体验和口碑外,还有一个很重要的原因也不能忽视,那就是在渠道上"笨"了一点儿。

一路走来,不少人都对植物医生团队说:"你们笨呀,你们不就是要多卖点货吗?为了卖货,还开店干吗?在网店里卖不就挺好吗?"

这些话其实一点也不陌生,早在20多年前解总开店时,很多人就说:"你笨呀,你卖货而已嘛,犯得着自己开店卖吗,在别人店里卖不就挺好的?"在他们看来抛开成熟的渠道去自建渠道,投资高、成本多、风险大,自建渠道的利润很可能被自建渠道的成本吞噬掉。

尤其是在电商风起云涌之时,我们还听到了许多恐怖的增长率、惊人的创纪录以及"线上终将取代线下"的预言,所以很多人都对解总的选择感到十分费解。

但是,解总仍然坚定地自建渠道,自己开店,开单品牌店。

当然,这背后其实是有原因的。

未来事业部总经理黄剑峰分享了解总最初开店的故事:"许多年前,在解总还是经销商的时候,因为还没有5P理念建设品牌,经常受到别人的欺负。其中有件最典型的事,那时他经销广东的染发剂,在商场柜台上架卖得不错,但那家染发剂厂家的老板并不是说你卖得不错就给你加大投资,而是怕解总把产品卖得太好,进行垄断,出现一个竞争对手。

"后来,那位老板身边来了一个花言巧语的江湖骗子,把那个老板哄得七荤八素的,老板决定不再给解总货源,转而给那个江湖骗子更大的折扣。解总付出了很多的努力和艰辛,才有了当时的成绩,最后居然得到了这样的结果,当时很是郁闷。"

"由于解总是以诚经营的,但有些老板看到解总做大后总是'以小人之心,度君子之腹',担心解总会跟他对抗,成为竞争对手,于是总是伤害解总。一次两次伤害尚无大碍,总是被伤害后,解总意识到不能再这样下去了,自己做代理做到一定程度后,都会被别人敲掉。终于,他有了开店的想法。"

"那个时候,商场的情况也发生了变化,家乐福把原来的一些老牌百货店给干掉了,他要想开店就需要重新跟这些外资商场打交道。"

"解总虽然在商场上摸爬滚打、风里浪里,但他不会尔虞我诈,而是以诚信为本进行经营。"

"在经营中,由于善于学习,他具备了大部分同行老板不具备的两种能力。"

"第一,他能找到更好的货源,这是他能以质量取胜发展壮大的原因。"

"可能有人会说别的老板不想用好的产品吗?也想,但是别的老板却搞不清楚化妆品里的各种成分、包装、内结构等构成。然而勤于学习的解总对此却一清二楚,所以他就懂得寻找和选择供货质量比较好的厂家。"

"第二,解总熟悉厂家,别的老板到工厂往往有一种恐惧感。但解总是工科生,对机械设备毫无恐惧感,厂家用的设备是好还是差,质量保证体系是有还是无,还有厂家的工艺怎么样,产品品质是不是有保障,他都清清楚楚,所以他就能把产品做得优质,把生意做得红火。"

解总最初把店开在百货、超市等传统渠道,当时在传统渠道也有不错的利润,对多数经销商来说完全可称为舒适区。但解总却不惜损失几千万元也要离开那个舒适区,选择了一条艰难的路——做单品牌店。

在过去20年,单品牌店渠道一直被称为"一条少有人走的道路",为什么?就是因为公认的艰难。

单品牌店的运营成本过于高昂，SKU的规模对产品质量、技术研发和供应链管理反应速度有着极高的要求。对于大部分中国品牌来说，选择百货、超市等传统渠道以及电商渠道似乎是一条必由之路，也是一条捷径。因为这里有足够的流量，启动起来似乎不那么费力，所以一旦开始盈利，多数品牌都难以逃离这个舒适区。

当时，对于解总离开传统渠道做单品牌店的决策，不少人都觉得很难理解。解总却很坚定："我们要有自己的渠道。"虽然开街铺专卖店和在专营渠道设专柜相比，投入的成本更高，风险更大，更难运作，但他相信，只有在一个高度竞争的行业才可以成就一个伟大的品牌，而独立的专卖店渠道才是延伸品牌和提升品牌的最佳渠道。

上一章我们有说过创造零售业纪录的7-ELEVEN，它的整个商品结构的关键就是预测管理。

大多数工薪族睡眠不够，人们早上上班的时候能从7-ELEVEN买到一个替代早餐的食物，边吃边走，早餐的问题就解决了。到了中午7-ELEVEN放早餐的位置就换成了中午用的餐饭，晚上的时候那个位置的产品又变成了一个回家特别容易处理的半成品，一盒洗好的菜，买回家一炒就能直接吃。早中晚餐，用一个位置就全都解决了，这样它整个店的平效也就大幅度提高了。

从7-ELEVEN整个店的效率来看我们可以看出什么呢？7-ELEVEN的渠道研究得很好。它在渠道上做了很多精益研究，所以它的效率就比店里天天从早到晚都摆相同产品的效率高出了3倍。

进一步而言，渠道研究好的前提是要有自己的渠道，正因为7-ELEVEN有自己的渠道，所以它才能有相应的空间，有的放矢、量体裁衣地去研究，研究了以后，又能够将结论和实施方案高效、及时地落地。

为什么大多数公司，最后总是败在了渠道上？因为渠道不是它的。

以"笨"制胜
——解读"植物医生"发展之道

解总指出：电商和集合店仅仅是个出货的渠道，要想成就品牌就只有通过单品牌专卖店才行。

要知道，便利店是我们生活中最常见、最重要的一个商业渠道，在市场竞争中最为激烈。7-ELEVEN在渠道中通过大数据跟用户沟通制定产品战略，而一些普通的厂家，连今年生产的东西在哪儿卖都没想好就去推销了。相比之下，我们可以看出它们的生产是多么盲目，而盲目的症结就在于它不掌握渠道。

如果你选择进入百货、超市，比如沃尔玛、家乐福、屈臣氏等传统渠道，就要想办法去跟人谈判，先不论能不能进去，即使进去了你整个渠道的级别力量也变弱了，因为你根本就不能掌握那个渠道。

还有，传统的渠道模式是一种金字塔形的渠道层级模式，这种模式存在着一些弊端。

对企业来说，具体会有哪些弊端呢？

难以有效地控制营销渠道，销售回款困难，分散的多个环节妨碍信息的快速传递，渠道各环节层层盘剥导致最终产品缺乏价格竞争优势，终端管理缺乏力度，促销活动得不到积极的配合和执行，售后服务质量得不到保证，窜货、相互杀价倾销现象屡禁不绝，还有店大欺客、货架争夺、灰色交易、与业务员联手欺诈等，导致厂家维护市场的有序性和调动中间商积极性的成本越来越大。

那么电商渠道呢？

电商是当下互联网行业最炙手可热的领域，它不但是一种拓展渠道，还是一个市场。随着互联网的发展，电商之间也诞生了很多复合的模式，比如B2B（企业之间通过互联网进行交易活动的商业模式）、C2C（用户之间的电子商务）、O2O（线上营销线上购买带动线下经营和线下消费）等。这些模式都以利益为中心，竞争非常激烈。

在电商中，很多商家都存在广告轰炸模式、持久的价格战等现象。这些现象对整个商业环境来说是很不健康的，对用户来说也是很不友好的。

再者，很多电商商家缺乏人才去进行细节上的处理。

电商是一个很大的市场，这就注定需要很多人来维护和管理。但是在当前互联网发展的大趋势下，电商商店之间的竞争力大过了传统实体店之间的竞争力，而且在高利益的驱使下，很多电商商家出现了急于求成的现象。

很多电商内部缺乏人才进行细节管理，内部的部门为了争夺流量、利益，出现了很多的问题——尤其是在细节上置用户的利益于不顾。在这种急功近利、利益优先的情况下，他们未来的发展空间自然就会很狭窄。

还有，很多电商商家缺乏体验感，对细节缺乏关注，对用户服务不周，也在导致电商商家的负面影响日益扩大。

比如，我们有时候在网上买个东西，图片看上去很高大上、很漂亮，但其实收到货并不是这么回事，为什么？其核心就是没体验。

电商渠道往往不仅缺乏体验、容易买错货，或者货不对版，更重要的是，一些商家在电商渠道的竞争中，往往更加没有道德感。

举个例子，我们都是开店铺的，通常在实体店，你不会把你的员工派到我的门口发宣传单，顶多是站在自家门店的门口发宣传单，这是我们的商业常识。我们也把这个叫招揽生意，我站在我家门口招揽是对的，你站在你家门口招揽是对的，但我绝对不能站到你家门口招揽，这是大家约定俗成的商业秩序。

但是，在电商渠道中，很多商家已经完全打破这个规则了，他们会恶意争夺资源，根本不顾基本的商业伦理和商业道德。

这种形态任其发展下去最后形成的只会是恶性竞争。恶性竞争的结果，就是对质量的不重视，对品质的不重视，只依赖过度的营销。

再以做餐饮为例，如果你做餐饮，他也做餐饮，你回家把菜做得好一点，把卫生打扫干净一点，把店员的形象提升一点，客人往往会源源不断。你现在到他门口去拉客，最后肯定就是天天打架，而且还是公开打架。于是最基本的商业伦理就被摧毁了，这是最可怕的结果——大家不再真正重视本质、产品和渠道。

所以，这个渠道存在的那些弊端，导致了其并不能产生真正的品牌。

怎么应对这些弊端，又该怎么修复呢？

做自己可控的事，做自己的渠道。

在一次国外研究学者对解总的相关采访中，咨询解总对渠道的理解时，解总回答道："渠道建设是一个品牌最重要的支撑，没有这个渠道，品牌也不可能支撑。"

"举个例子，iPhone在哪里买？在它的品牌建设时期你只能在它的专卖店买，打造品牌的必经之路就是成立专卖店。"

"在美国，互联网很发达，但是美国的iPhone依然开了很多优秀的实体店；特斯拉也一样，网络再发达，它也一定会开实体店，在中国也会开实体店。"

"所以，尽管现在iPhone可以在京东或淘宝上购买，但品牌仍然会开设实体店，因为实体店是品牌不可或缺的支撑。"

"植物医生也有线上的商城，但是在品牌建设时期，你不能没有实体店。当发展比较强大以后，你要拿到更多的市场份额，拿到更多的销售订单，通过互联网进行销售，这个是没有问题的。互联网是一个销售的渠道，但绝对不是一个成就品牌的渠道。"

国外研究学者理解了："所以，这是一个需要发展的、有先有后的过程，你需要先开一个实体的店面创建你的品牌，之后再通过京东、淘宝、亚马逊等电商平台进行销售。"

解总说道:"对的,这就是我们说的实体店的价值,植物医生现在开了4000多家实体店。而实际上消费者是不可能离开实体店的,就像两个人谈恋爱一样,你可以在网络上认识,在网上交流,但你不可能不见面,不见面就不可能真正成为夫妻。实体店面是成就品牌最重要的地方。"

国外研究学者说道:"当我进入一家植物医生的店里,我感到很舒服。门店的美容顾问总是很友好,她们让我试用各种各样的护肤品,而不像到网络上购买,只能观看选择并不能试用、体验,我觉得护肤品还是要先试用后购买的。"

解总说道:"对,尤其是化妆品。实际上很多产品都是这样的,必须有消费者体验,只要是消费者需要用的产品就一定要有美好的体验感,那消费者美好的体验从哪里来?从实体店里来。当然他对你产品有足够多的信任,已经用得很习惯了以后,为了方便购买,他有可能在互联网上去购买,因为支付很方便,但是他要选对产品,前期进行美好体验的话,就必须有实体店的支撑。"

正是基于这样的渠道理念,为了让用户更好、更舒适、更深刻地感受产品的魅力,植物医生始终以产品为核心,凝聚扎实的品牌号召力,不断升级单品牌店形象。

由于有自己的渠道,植物医生在运营模式上有了极大的改善。比如在化妆品领域,企业大多以分销为主要运营模式,在这种模式下,新品从出厂到上架,需要经历招商会、经销商订货会,然后再由经销商铺货到各个单体店或其他渠道,这一个过程需要 6~10 个月。而植物医生完成这种过程需要多久呢?一天。哪怕算上把所有的宣传灯箱、POP 全部更换的时间,也用不了几天。逾 4000 多家门店的主推产品同时变成这款面膜,可想而知这对于一家企业新品上架、活动推广、商品陈列,应季商品上市和终端销售的重要性有多大。

以"笨"制胜
——解读"植物医生"发展之道

所以，自己不掌握渠道的主动权，是品牌方最大的运营瓶颈，新品上架、活动推广、商品陈列、应季商品上市等问题都会影响到品牌方的终端销售，而自己掌握渠道则完全是两回事了。

凭借在单品牌店渠道的独特优势，凡是植物医生新店开业都能强势引流，屡创销售奇迹。植物医生也在护肤领域成为单品牌店当之无愧的"领头羊"。

互联网时代，在实体行业进入寒冬时，不少企业已销声匿迹，植物医生却因为独树一帜的"笨笨"坚持而存活了下来，并且花团锦簇、欣欣向荣。如今网店经营红利期已经过去，植物医生作为单品牌店突围者，也为业内提供了有益的借鉴。

被平台掐住的品牌难存活

所谓平台，首先是以网络、电子信息技术为基础形成的虚拟空间，比如电商平台；其次平台也可以是一个实体空间，比如超市等。长期以来，业界普遍认为依托平台是发展品牌的铁律，很多年前植物医生也曾有过类似的观念。

当年，植物医生也很想在屈臣氏里做生意，因为那时资金极其紧张，而屈臣氏一个月给植物医生的现金回款就200万元。别看植物医生现在一个月销售就两三亿元，但在当时为了200万元，植物医生差点将50%的股份卖掉。那时的200万元对植物医生来说是相当重要的一笔收入，但尽管很重要，植物医生也很坚决地放弃了，就算赚钱也不干了，因为那里根本成就不了品牌。

植物医生进入屈臣氏时，对接的负责人直截了当地说："来我们屈臣氏你别赚钱啊，来屈臣氏相当于做广告，知道吗？货往那里一摆，你跟其他经销商一说，你看我们的货进屈臣氏了。不要想着赚钱，赚什么钱？进店费该交就交，然后你去对顾客做营销。"

那时候屈臣氏把品牌分成好几类，第一类，有名气的，用户慕名而来合作。超市里面有三大类产品：油、粮、纸。这是超市里三大件，是刚需，然后加上几个硬品牌，比如可口可乐、宝洁的洗发水都是标杆的，是不可缺少的，那么对这些产品品牌，它甚至可以做经销商，我把钱先给你，你把货发给我，这是第一类。

第二类，可以把它称为赚钱的，毛利要高一点儿，赚B2C（电子商务对消费者）的钱，赚差价的钱，10元进来，卖12元或13元，这类一般都是国内刚需性的、销量不错的产品。

第三类，这一类产品估计也卖不动，但假如你非得进来怎么办？交进店费、上架费等各种费用。屈臣氏会说，你看你的产品卖不动，你知道啥问题吗？你没买陈列的堆头，买一个堆头试试，一个月8000元；再卖不动做个海报推广试试，一次1.2万元；还是卖不动，没关系，你可以走，后面还有三个排队的进来，换一批。

那时，植物医生发现自己的货品在屈臣氏被摆放得很不起眼，而且屈臣氏的规则是先卖屈臣氏的货，任务是5000元，他们必须先卖完屈臣氏的，才能卖自己品牌的。

而在其他超市，它的要求则是你在超市里的第一件事就是要先帮装袋。那时的超市生意非常好，大家都排着队，每个人后面还跟两人装袋，从手提筐里往购物袋里装，装完袋以后你才能去卖自己的货，其实大家排队时是人最集中、最多的时候，你帮他装袋的同时还可以推销自己的产品，一举两得行不行？不行，超市不允许，也就是说你全被平台给掐住了。

不仅如此，很多平台还都会生产自己的贴牌（代加工）品牌，然后放在畅销产品中间最显眼的位置。比如它们生产自己的授权贴牌洗发水，取名叫"家乐福"洗发水，然后放在宝洁飘柔、海飞丝这两个最畅销产品之间，占位是宝洁产品位置的一半儿，宝洁也没办法，因为渠道不是宝洁的，这种产品往往卖得也挺好，当然后来竞争再激烈的时候，它也就销声匿迹了。

在这样的平台里，一没空间，二没时间。

没空间，是因为超市内部展示陈列空间很有限，一个品牌只有几十厘米的货柜展示空间；没时间，就是解总那时候研究过的原因，用户在超市里看一个产品的时间最多只有6秒，这么短的时间里，是没有可能讲好品牌的，顶多讲一个卖点。

而做专卖店的话，客人能进来到处看，有时间就有可能。你可以给他们讲品牌文化、产品功效等，你的品牌因此可以和别的品牌区别出来。而且植物医生选择开专卖店，定位也有所不同，这就促使他们不断把品牌做深，完善品牌资源和故事，把品牌的各个方面做得越来越全，从而倒逼自己不断进步。

品牌依托超市的平台会被掐住，那么依托电商平台的发展情况又是怎样的呢？

电商，依托互联网的无障碍沟通，一度被认为是颠覆了传统商业模式中间环节多、价格不透明、信息不对称等种种弊端的渠道，很多品牌企业也以为依托电商后就可从此告别经销商、代理商的摆布。

但是，很多企业在斥巨资高调进军电商之后，才发现想象与现实的差别：不打广告没流量、买了流量没销量、撑起销量没利润。平台赚得盆满钵满，品牌商却往往打肿脸充胖子，落得遍体鳞伤。

早期的电商，卖的很多商品都是形式上的美丽：价格很美、包装很美，就是产品不美，因为山寨货无法保证品质。9.9元包邮的铁观音，你让铁观音赛珍珠5900元情何以堪？

很多品牌在线下辛勤耕耘，却发现线上早已是假货泛滥，而且由于电商里的商家扎堆儿，产品淹没在浩瀚的电商海洋里，怎么在电商丛林中脱颖而出就成了一个巨大的问题。最为粗暴的做法是掀起持久价格战，通过不断降价来赢取用户，但是这种价格战短期内虽然收效颇丰，长此以往却必然形成双输局面，造成恶性循环。

所以，虽然这些年来有人把电商看作传统行业的救赎，也有人总在笑植物医生笨，劝解总不要开店时，解总却始终坚定地带着植物医生团队"笨笨"地发展看似成本很高的门店，植物医生要掌握自己品牌的命运，而被平台掐住的品牌难以存活。

渠道是用户的小剧场

当今时代，用户需求呈现出差异化、个性化和多样化的特点，用户不但关注产品或服务本身所带来的功能价值，同时还非常重视产品或服务的体验感。

在这一方面，实体店有着不可替代的价值和优势，一个良好的体验环境能够给用户带去情感上的愉悦，让用户更好地感受产品、品牌和企业的魅力。

有了更好的体验，才会有更好的消费。用户如果在线下购物时也和线上一样，挑选之后只能装到购物车里，然后排队结账，那么实体店就等于没有发挥优势，很难阻止越来越多的客户跑到线上。因此体验是实体店的重要价值和优势，是PK线上购物的重要法宝。

企业应以渠道为剧场，以商品为道具，围绕用户创造出值得回忆的活动，让用户成为剧场的主角。换言之，企业应该以用户为中心，通过对事件、情景等方面的安排以及特定体验过程的设计，让用户在体验中产生美好而深刻的印象，获得最大限度的精神满足。

品牌中心设计部总监王赫男分享了从店面形象设计方面来打造渠道剧场的经历和心得："在品牌店面形象上，我们一直以来都很坚持品牌的特点，做有品牌特点的护肤品门店是我们的核心目标。自2019年中旬开始，我们就围绕2020年4.0版本店面进行了深入探讨，如何将品牌文化理念以店面为媒介让顾客在渠道剧场中理解和认同，是我们这次店面形象设计的核心目标。"

"这次店面设计的理念是'一个真实的高山植物学家'，这一理念基于的品牌定位是'高山植物，纯净美肌'，基于的品牌支撑是中国科学院，基于的品牌人设是植物学家，基于的品牌故事是'大山里没有医生，植物是最好的医生'，基于的植物代表是石斛兰。通过这些核心品牌元素我们需要做出综合的人物形象设定。顾客在日常生活中很难接触到高山植物学家，我们需要对高山植物学家进行生动形象的表达，让顾客通过店面了解高山植物学家。"

"高山植物学家是怎样的一群人？他们有着对自然的崇敬，相信越是纯净越是珍贵，他们秉持这一信念，不畏高海拔的严苛环境，翻山越岭，不断探索高山植物的神奇力量!"

"我们在店面中多方位地表达着这一理念——在店面主色调上,我们由之前的翠绿色调整到现在的一深一浅两种莫兰迪绿,这两种绿色来自清晨高山的颜色。清晨的高山由于海拔高、温差大,经常笼罩在云雾中,呈现出深浅的颜色,我们把这两种颜色运用到店面门头及墙面的主体颜色,使整个店面呈现出自然清新的环境。"

"店面高柜道具灵感,来自高山植物学家的标本及实验架,通过与自然元素结合,最终以白色烤漆及木质和金色质感的结合,来体现自然科学。"

"高柜上各系列的植物画面,遵循植物最真实的高山生长环境进行拍摄,体现高山植物学家在科考过程对植物的采集及拍摄过程,体现高山植物高海拔、少污染、日照长的优越生长环境。"

"品牌高山主背景画面,在店面的收银区及护理区应用,让顾客在结账及做护理的时候可以感受'高山植物,纯净美肌'的品牌理念。"

"护理区在这次设计中划分了单独区域,用半玻璃金属隔断中间加植物及实验器皿陈列,营造植物实验室氛围,让客户体验到科学专业感。"

"护理区的高山画面,也会让顾客在做护理体验时,放松心情,得到更好的护理体验。科研护肤系列及肌肤测试区,则可增加中国科学院联合研发 Logo 让顾客感受到品牌的研发实力,增加对品牌的认同感。"

"整体店面的设计,意在从环境细节各方面营造高山环境氛围及高山植物的生长环境,犹如一个剧场一样,让顾客体验到高山植物学家在野外科考的环境及在实验室研究植物的过程,让顾客感知到真实的高山植物学家所具有的精神,同时展现出品牌高山植物护肤特点,突出品牌高山植物及科学研发的特色,让品牌能在众多化妆品中凸显出来,得到更多顾客的喜爱,增加进店频率,提升销售业绩,成为中国化妆品第一品牌。"

以"笨"制胜
——解读"植物医生"发展之道

植物医生是全国化妆品业首创体验馆的品牌企业，2016年7月，植物医生第4家体验馆正式对外开放。

这家体验馆坐落于云南昆明植物园扶荔宫，是植物医生目前最大的一家体验馆。

图3-1　DR PLANT植物医生云南昆明植物园扶荔宫

1900平方米的场馆，分为上下两层。一层是植物医生奉献给昆明的城市公共空间，开放式设计，免费提供给电视台、艺术展、摄影展、学术会议使用；二层分为文化区、DIY手工体验区和植物医生护肤生活体验区三个区域，视野非常开阔，同时也是个喝茶的好地方。置身其中，不但可以将植物医生产业链一探究竟，还能亲自感受与体验植物医生与众不同的产品和文化。

2018年夏天，新版《流星花园》在湖南卫视开播，一经播出就创下收视率新高，首播双网突破一亿次，芒果TV播放量突破两亿次。植物医生作为"流星花园"官方唯一指定护肤品牌，除在剧中为主角颜值保驾护航外，线下也与用户亲密互动，用"流星花园"主题体验馆将剧中情怀深刻延续。

同年 8 月,植物医生的"流星花园"主题体验馆首场空降北京凯德 Mall·西直门店。场馆采用了大量《流星花园》剧中元素展现出品牌的态度,并结合当前最火的元素来打造最符合年青一代的时尚风潮。置身其中,满满的甜蜜粉嫩少女风,可以让人愉悦地沉浸在对"流星花园"秘密世界的探寻中,所以很快就引来了众人围观,聚集了超高人气。大家纷纷在体验馆拍照打卡、参与甜蜜互动游戏,而现场的超值礼赠也热闹非凡,当时现场还请来了瑞丽之星,通过年轻帅气的偶像来给人们呈现一场非凡的视听盛宴。大家在浪漫时尚的主题空间中,在轻松愉悦的氛围里,看着、玩着、体验着,同时还可以深入感受到品牌内涵,了解到产品信息,这也使更多的人开始喜欢上了植物医生。

在定期增设体验馆的同时,为了给用户带来耳目一新的良好体验,让用户能够有机会全面了解植物医生企业的情况,植物医生于 2018 年 5 月完成了店面形象的全新升级和改造,亮相贵阳观山湖万达店。

图3-2　DR PLANT植物医生贵阳观山湖万达店面外观

以"笨"制胜
——解读"植物医生"发展之道

图3-3 DR PLANT植物医生贵阳观山湖万达店内

图3-4 DR PLANT植物医生贵阳观山湖万达店内

全新的店面形象，给人们带来的是舒适自然的直观感受，清新自然的木纹和绿植，可以装点出惬意和悠闲氛围，给用户带来更舒适的体验。

店内从"高山植物空间""科学家研究室""高山植物体验场所""海拔特性""植物医生公益空间"五个维度进行了形象设计，可给用户带来更为精细化、更具针对性的消费购物体验。

作为一个多维度发展的品牌，植物医生已经将"品牌文化"融入店面中，从而能够给用户表达出全方位的企业发展情况，在店面终端形象上向用户直观地呈现品牌的独特定位和价值。

用户通过植物医生新店面的设计，除了能够买到心爱的高山植物护肤品，能够感受独特而舒适的门店购物体验外，还能够了解到高山植物的价值与发展以至科学的意义，了解植物医生的品牌定位和理念，了解植物医生一直以来为了保护植物和社会公益做出的努力，品牌精神由此就可以更完好地传递到用户的心中。

在植物医生，团队不仅是提供最终的商品，而且提供了最终的服务体验和品牌经历。因为生命中最美妙的东西并非物品，当渠道体验的策划者和展示者的工作消失之后，体验的价值却恒久存留。而这种渠道体验，在每一位用户亲身参与进去时就能感受得到，由此植物医生让产品、服务以至整个品牌都变得更加具有温度，更加具有互动性，更加具有多维度的体验力，增强了消费者的综合满意度。

所以，企业在塑造品牌形象、建设品牌文化的过程中，一定要致力于改善用户在渠道体验过程中、在接受服务时所处的环境和氛围，同时有意识地引导用户参与甚至流连其中，这样才能将这种服务转化成难忘的文化体验。

渠道体验不仅是要愉悦用户，而且要使他们参与其中，成为剧场的主角，与所有人共享渠道带来的超预期的体验。

营销恰如做中医

营销是指通过寻找消费者的需求，从自身产品出发，让消费者认识了解产品并进行购买的过程。

市场环境在不断变化，企业要在市场中立于不败之地，营销起着关键的作用。

如果把公司的营销渠道分为两大类，我们可以分为线上营销和线下营销。

线上营销就是常说的互联网营销。

线下营销则是以面对面与消费者沟通的方式来实现销售目标。

对于大多数公司来说，线下营销仍是极为重要的营销渠道，具有不可替代的优势。

首先，线下营销能够更好地和客户进行沟通，更容易取得客户信任；其次，通过面对面的沟通，更容易营销成功；再次，能更直观地了解到客户的需求，有利于产品的改进；复次，线下营销的销售目标和目标群体更加明确；最后，人们的生活习惯和工作方式等也都更容易接受线下营销，如果是一些具有个性化或者需要亲自体验的产品，那就更需要进行线下营销了。

线下营销的应做工作很多，具体的内容也会因营销目的、策划角度、商圈环境、竞争对手等因素的不同，而有所取舍或偏重。

但是，总体来说营销恰如做中医，需要长期坚持通过"望闻问切"四个方面来诊断消费者的问题，以对症下药，在服务好消费者的同时实现营销目标。

一、望：望顾客，看类型

中医里，看一个人的面部气色非常重要，这是中医医生了解病人病情的最基本步骤。

中医通过观看病人的脸色，能够看出病人的气血偏差，而我们对那些初次接触的顾客，也要详细观察其面部表情、衣着服饰、言谈举止，并对其做出初步的了解和判断。

在与顾客接触时，我们可以从这个人的衣着打扮上，看出他的经济水平、审美水平以及兴趣爱好，而且还可以通过顾客的面部表情，判断出心情如何，如果顾客心情较好，那么交易就更容易完成。

销售人员还可以通过与顾客谈话，来了解顾客的教育水平、社会层次等，然后选择相应的语言来与之交流。

对于那些文质彬彬、衣衫正式的顾客，销售人员的言谈不能过于随便，注意给顾客留足个人空间，不要靠顾客太近，否则容易引起顾客的反感。

二、闻：顾客会告诉你他需要什么

中医认为，一个人的身体状况会反映在他的言语快慢、语调高低、声音尖柔上。

作为一名销售人员，推销产品过程中的"闻"，则是要善于聆听。

客户的需求有时是需要发掘的，因为有的顾客并不清楚自己的需求，这就需要销售人员多倾听、多记录，弄清客户的需求、发现客户的潜在需求，同时多倾听客户，也容易引起客户的好感，促进销售的进行。

有一次，一位信用卡销售员来到一座写字楼进行推销。尽管一般情况下在写字楼里面进行推销很容易引起客户反感，但这位销售人员在坐电梯的时候遇到了一位自己的校友，这位校友非常健谈，他从信用卡聊到了大学校园的美好时光，不知不觉一个小时过去了，这位原本没有打算办信用卡的顾客，最后主动要求办一张信用卡支持这位销售人员的工作。

三、问：从顾客的回答中了解他们更多的需求

医生要想更多地了解病人的病情，就会问病人发病的历史、发病的感觉等。

销售人员在销售的过程中，经常会跟客户进行攀谈，其中大部分时间是在深入了解客户，而不是为了让顾客接受你的产品，如果交流仅仅围绕推销产品展开，那么销售成功的概率将会大大降低。在交流的过程中很多时候都需要销售人员用一些问题进行适当的引导，从客户的回答中找到顾客的需求。

如果你想让顾客对你印象深刻，那么记住他们的话是非常重要的，这样顾客会觉得你很重视他，觉得你是在用心跟他交流。

某汽车4S店要求销售人员必须在顾客参观车型时问五个问题，并将这五个问题详细记录下来，然后从中找出顾客买车的动机、需求点等。如果客户当下没有购买汽车，那么销售人员需要在两天之内，给顾客打电话沟通，把之前记下来的问题与客户重新探讨一遍，这样有助于与顾客建立良好的感情，让顾客认为你是重视他的，同时你也是值得信任的。

四、切：综合信息做出判断

中医中的"切"指的是切脉，是判断病情的一种方式。

营销中的"切"，指的是把之前"望、闻、问"的信息联系起来，然后结合其他相关的外部信息，来对顾客进行综合分析。

对于营销人员来说，如何根据前面的观察、交谈、询问等得来的信息，正确对顾客的购买做出判断是至关重要的。

"切"就是要归纳顾客的特点和弱点，搞清楚他最关注什么？顾虑什么？购买欲有多强？购买力有多大？然后对症下药，结合所销售产品的优势，使顾客购买最符合他的产品。

早在1994年，植物医生就运用了"望闻问切"为消费者提供量肤现配服务——也就是运用"望闻问切"了解每个人皮肤的细微差别和个人愿望，然后在现场将半成品的植物成分，配制成个性化产品，让顾客在现场就可以看到适合自己的、独一无二的护肤品的诞生过程。

量肤现配不仅需要优质的产品、贴心的服务，还需要专业的水准、有效的方案，这肯定比千篇一律地对待消费者的成本要高得多。但是为了提供给消费者更安全、可靠、适合、高效的购物体验，植物医生仍然"笨笨"地坚持着，同时还启动了"千人千面"计划，深耕护肤科技，强化产品体验，积极调动多方力量，运用海量的数据构建起消费者的立体画像，为每一位粉丝会员提供更加专业化、定制化的护肤服务内容。

这一举措令护肤品牌的场景化再添新意，从因地制宜走向因人制宜，植物医生营造的"场景"，已不仅仅是在实体店内，还在消费者的身边。

由于充分考虑了顾客皮肤的实际情况，又用心发掘出每种植物的神奇力量，精心研发配制出了真正适合不同肤质的产品，所以植物医生品牌不仅赢得了广大会员的信任，也受到了越来越多消费者的认可。在不久的将来，以每位会员为出发点营造品牌场景的植物医生，必然会在消费升级中继续树立起新的旗帜，创造出新的辉煌。

5P之四4P（Promotion）
推广就是进行口碑传播

天下之至柔，驰骋于天下之至坚，无有入无间。

——摘自《道德经》第四十三章

以"笨"制胜
——解读"植物医生"发展之道

近者悦，远者来

植物医生北京加盟区域经理赵连云曾和我多次聊起早年跟着解总创业时的事情，她说："我特别欣赏解总不怕吃苦的精神，不管做什么事他都勇于担当，而且对员工从来都特别好，特别懂得照顾人，特别平易近人，就不像个老板。我记得原来我们在城乡上班的时候，解总每个周六、周日都来到现场跟着我们一起做销售、清理现场，给我们所有的员工带来了工作的激情。"

"当看到老板都这么能吃苦，这样照顾我们，你说我们作为员工有什么理由不好好去做呢？所以那时我们就跟他一起投入工作，从早晨开门到晚上9点下班，再一起去搭地铁各自回家。如今一晃26年过去了，我真是由衷地觉得解总这人特别的好，自己做事忙得特别辛苦，对我们也从来都是恭恭敬敬的，从来都是'赵姐辛苦了，别累着了'，老是这样，真的特暖心。"

植物医生靓肤公司财务部门会计肖莹也是植物医生元老，对解总关照员工，经常去一线亲力亲为做事，给顾客发宣传单、做讲解等行为特别赞赏，觉得特别感动。

开发部总监顾曼丽充满感激地回忆道："有一次，我老公心梗住院，公司给了5万元的关怀金。当时我老公一直以为我上班挣点钱自己花就OK啦，没想到公司居然给了5万元。我老公全家都非常惊讶，说怎么你公司还要给这钱呀，我婆家、娘家，还有我的牌友、驴友等，全都羡慕得不得了！我们解总和公司真的就是这样，特别好，特别仁慈，特别照顾我们大家。"

1997年就来到公司的财务部会计林丽华说："许多年前，我在商场销售伊人发屋，因为销售不太好，第一个月收入较低。那时商场还销售貂油染发，每次解总来都帮着发宣传单、帮着染发，看到老板这样尽心尽力，我们心里都很感动。"

"2010年，我被外派到云南运营公司担任财务工作，每次解总到运营公司视察，都会询问我一下生活有无困难、家里孩子的情况，有困难公司帮忙解决。虽然在外面很辛苦承受了很多委屈，但心里是暖暖的，觉得跟着这样的领导一定没错，就没有产生离职的想法，一直干到了今天。现在回想起来我觉得自己真是跟对领导做对事了。"

的确，解总对身边的人从来都很照顾，对员工体贴入微，想员工所想，急员工所急，以至于员工对解总都心悦诚服、心怀感恩。解总在员工心中也产生了极大的影响力、感染力和号召力，大家都尊敬、理解和支持他，公司上下一心，和谐相处，人人有干劲，个个都努力，并且更懂得让"近者悦"，从而吸引了更多的"远者来"。

供应链管理部吴冬梅分享道："在2017年6月的一天，初夏的午后还不是很热，阳光照耀大地，慵懒的白云躺在蓝蓝的天空显得惬意至极。而此刻，与这美妙气息相反的事情也在发生。北京直管区域总监在公司内部群里发出几张令人不安的图片，图片上是北京东四街铺的美导，在同一个时间段她们身上长出了不同程度红色点点，最严重的是一个'90后'的姑娘，她从脚到膝盖处都密密麻麻长满了，让人不忍直视。区域总监非常着急，给出了一个初步的推断：店面刚刚翻新装修完毕，是使用的装修材料不合格导致美导集体过敏。"

"为此,区域总监决定闭店暂停营业,彻查原因,从源头抓起解决美导的问题。她首先找到了装修工程部进行沟通,店确实是刚刚装修完毕的,可对于区域总监所提出的装修材料质疑,工程部负责人是心存怀疑的,因为在装修合同里,明确规范了使用的装修主材,其质量、环保度、安全性有严格地把控,以前从来没有此类现象,怎么就会突然过敏了呢?工程部负责人拨通了装修供应商电话,讲明情况后,严肃地询问,是否按照合同的要求去使用主材的,供应商很认真地回复:所用材料保证是合格环保的。"

"于是,在领导的指导下,工程部负责人上网查询、打听熟人、发朋友圈询问,最后锁定北京空军总医院的皮肤科。接着立即建了群,召集过敏的美导准备医保卡、身份证、病历本,第二天就带着她们去看医生。因为不管什么时候,人的健康是第一位的,这也是公司领导一直强调的。"

"空军总医院在北京的西三环,因为其具有权威性,全国慕名而来的求医者络绎不绝,挂号本来就难,这么多姑娘一起看病还希望集中在一起让医生看更是难上加难。工程部负责人给出了对策,赶在医院没放号之前早早去那里排队,这样既能在上午把病看完,又能一起挂号看病让医生做出判断。她告诉姑娘们别怕辛苦早起,自己也凌晨4点从家出来早早赶在医院放号前到达。"

"那天去了4个美导,医生每叫一个号,工程部负责人都像家属一样陪同进去。"

"在请医生对过敏最严重的那个'90后'姑娘做了接触、呼吸、进食三个层面的过敏测试后,大家每人拎着公司给她们从医院开的外敷药水和内服药各自回家去了。"

"工程部负责人则马不停蹄地赶到了店面,因为在去医院之前,她同时安排了供应商去店面查找原因,她要赶过去看看是否有什么蛛丝马迹。

到了店面一切都挺正常，唯有库房里有个久闭不用的卫生间有一点儿潮。请示领导后她给店面在京东下单买了两台大功率风扇，请店长每天打开增加空气的流通，又请了专业除甲醛公司对店面上上下下、里里外外做了除甲醛处理，直到做完除甲醛把店封闭，她才放心地回家。这天是个阳光充足的周末。"

"测试结果要在5天后才能出来，一转眼这个时间就到了。大家一大早赶到了医院，美导们的症状已经缓解了很多，尤其是那个最严重的姑娘，她腿脚上的红点也在慢慢变淡变小。等待已久的过敏测试结果终于拿到了手，检测报告显示姑娘只有非常轻微可以忽略不计的过敏，而过敏原显示的是花生和花粉，跟装修材料及店面的东西没有丝毫关系，我们的店面是绝对安全的！"

"大家再次从医院拿了药后，工程部负责人又回到了公司，联系保洁公司对东四街店面又做了全面除螨和保洁后，才完全放下心来，店面也恢复正常营业了。"

"此后，大家再也没有接到过对于这个问题的反映。"

中国传统的管理理念强调"得人心者得天下"，《论语》记载叶公问孔子管理的诀窍，孔子说"近者悦，远者来"。可见管理的核心是得人心，是对内部人的凝聚力和对外部人的吸引力。

俗话说：将心比心，以心换心。你希望别人善待自己，首先要懂得如何去善待别人，懂得在身边人需要的时候及时伸出援手，而不是视他人的痛痒于不顾，这样的人才是善解人意的人，才会真正得到身边人的尊重与理解。

企业是员工的大家庭，这个大家庭内部的和谐团结、外部的口碑形象都需要成员自身有良好的修养，需要大家学会互相欣赏、互相学习、互相善待、互相关爱。如果连每天在工作岗位上长时间相处的同事，都不会去善待照顾，那么也不会做到善待客人、照顾客人。

而在植物医生，在解总身体力行地影响和带动下，大家不仅懂得照顾好身边的同事，也更懂得照顾好顾客。

在品牌创建和发展上，要想保持良好的口碑、长期的营销业绩，不断发展壮大，"近者悦，远者来"，就一定要懂得照顾服务好顾客。这里说的顾客首先是指第一拨初始顾客。

因为品牌的发展一定是从一些核心顾客的支持开始起步的，就像一个明星一样，首先要有一群非常忠诚的粉丝，从这群最初的忠诚粉丝开始逐渐扩展数量。一个品牌也是如此，一定要有自己的初始顾客，这拨顾客就是跟品牌接触最早的顾客。品牌要有好的发展，一定要充分重视、照顾、服务好最早的初始顾客。

初始顾客是品牌发展壮大的牢固根基。在品牌发展中，初始顾客不仅可以成就第一批订单，为品牌运营提供基本的资金支持，还可以增强品牌团队的发展信心。

据统计，开发一个新顾客比留住一位初始顾客的成本高5倍以上，向新顾客推销新产品的成功率是15%，向初始顾客推销新产品的成功率高达50%。

与拓展新客源、开发新顾客相比，维护初始顾客的费用要少得多，这是企业界的普遍共识。这也意味着把产品和服务做好，让初始顾客自愿去介绍更多的顾客，比天天想着怎样去降价促销，更有利于品牌产品的推广和营销。

初始顾客是企业发展的推动者和见证者。一个企业照顾服务好初始顾客，不但能让初始顾客感到暖心，还会给新顾客带来信心；不但有助于企业的稳定发展，还能形成一种有力的宣传力量。因为当初始顾客长期忠诚于一个品牌的时候，就意味着这个品牌的产品和服务等方面，能够让他感到满意，这种满意可以传递给新顾客信心，让他们意识到，无论品牌怎样发展，品牌的产品和服务质量都是稳定和持久的，顾客所能得到的尊重与照顾，都是稳定和持久的，这就能使新顾客迅速稳定信心、坚定决心。

初始顾客群的稳定，对企业来说就是一种有力的口碑，能够一传十、十传百形成一种强大的宣传力量，带来源源不断的生意，扩大品牌的影响力。

在品牌的发展初期，初始顾客的反馈是十分关键的。那个时期的产品，生产量相对较小，改进产品的代价也相对较小。因为当产量只有几百上千的时候，产品有什么问题都可以通过顾客的反馈及时进行应对。

通过初始顾客的反馈，品牌可以及时发现产品生产和开发中存在的问题，还可以掌握更多决策的依据，并以此来检查企业实施计划和行动的效果，有针对性地督促相关部门不断改善工作。

通过初始顾客的反馈，品牌可以及时了解到自己的产品和服务的不足，了解市场的趋势和消费者的需求变化，从而有利于品牌更加有的放矢地开拓新的商机，并且更加准确地预测到什么样的新产品才能够顺利地上市和实现良好的销售。

对这些初始顾客反馈的积极处理，还能成为品牌建立和巩固良好品牌形象的素材。因为当初始顾客反馈的问题得到真诚有效的解决后，他们的满意度会大幅度地提升，自觉不自觉地成为品牌口碑的宣传员，成为传给"十"、传给"百"的那个"一"，成为"悦"了的"近者"，从而也会吸引更多的"远者来"。

推广就是推动口碑传播

口碑传播分为三个阶段。

第一个阶段,是服务口碑的传播。

第二个阶段,是产品口碑的传播。

第三个阶段,是品牌口碑的传播。

这三个阶段有什么不同呢?

第一个阶段,是服务口碑的传播。

服务口碑是最早形成的口碑,也是产生口碑的基石。

首先,大多数的生意都有人情生意,你身边的张大姐、李大哥,在你的友好相待中很容易建立感情,他们会自然而然地帮你传播口碑。其次,消费者在消费过程中会对服务产生很直接的体验,从而形成有力的经验性口碑,口口相传给身边接触的人。

从服务口碑的应用来说,消费者在产生服务需求后、准备购物前会从各种渠道收集有关信息,他们会回忆自己所知道或者体验到的有关知识,同时向自己的亲朋好友同事邻居征求意见和建议,或者通过报刊网络以及向专家学者咨询等方法来获取信息,以期做出最佳的选择。在这个过程中消费者的目标是不确定的,他们通常是根据自己的经验习惯、众人的评价推荐等来做出决定,可见良好服务口碑的影响是非常重要和深远的。

品牌推动服务口碑的传播,不仅要提供最周到的全程式服务,还要提供增值化服务、差异化服务、创新式服务去赢得消费者。

发现顾客需求，是植物医生服务的起点；满足顾客需求，是植物医生服务的目标。除此之外的诸如影响力、技术、市场份额、利润最大化等对植物医生来说都不是根本目标。在植物医生，服务于顾客的需求永远是第一位的。无论是探索一项新技术、开发一个新产品，还是与顾客沟通交流、优化内部工作流程，植物医生总是围绕着最根本的问题展开——顾客的需求是什么？

植物医生开发任何产品，都是基于对客户需求的发现和分析，在提出解决方案后，以解决方案来引导产品的开发。

植物医生探索任何一项新技术，也都是以顾客的需求为导向和目标，通过新的技术手段去实现对顾客需求的满足，技术始终都是服务于顾客需求的工具。

这种优质服务带来的口碑传播，对植物医生的发展起到了巨大的作用，植物医生因此具有了坚实的口碑根基。

第二个阶段，是产品口碑的传播。

推广营销简单来说，就是推广和销售产品。营销的核心是产品，产品本身就能够打造口碑。如果说服务是形成口碑的基础，那么产品就是维系口碑的根本。真正的好口碑，必定建立在好产品的基础之上。

一个品牌的产品如果不过关，那么顾客对它的差评很快就会传遍线下和线上的交际网络。如果一款产品比其他同类产品品质功能和性价比都要高出很多，顾客就会把这款产品分享给自己的亲友，他的亲友也会在感知产品的优质后分享给更多的人，这样的口口相传、良性循环就能建立起良好的产品口碑。

品牌打造产品口碑和推动产品口碑的传播，首先要把自己的产品做好，打造出爆款产品，然后就是在品质、功能和性价比上让产品超出用户的预期，也就是超越顾客对需求满足方式假设出来的解决方案。超出预期能够让顾客产生共鸣，感到自己被关怀，觉得振奋和激动，从而更有内驱力和动力去为产品进行口碑传播。

第三个阶段，是品牌口碑的传播。

什么是品牌口碑？

品牌口碑本质上就是品牌文化的口碑。

正所谓"品牌的一半是文化"，品牌是文化的一种重要载体，文化是凝结在品牌中的企业精华。品牌事业不仅是一项经济性活动，也是一项文化性活动。

企业的品牌文化，是企业在生产经营实践中逐步形成的、为整体团队所认同并遵守的、带有组织特点的愿景、使命、宗旨、价值观、经营理念和品牌精神，以及这些方面在生产经营实践、管理制度、团队行为方式和品牌对外形象中体现的总和。

品牌文化，既是社会形态和精神形态的统一体，也是社会消费心理与文化价值取向的结合体。

品牌文化包括三个层次。

第一个层次是外层品牌文化，它是品牌外在形象的展现，包括品牌名称、包装、标志等。

第二个层次是中层品牌文化，它是品牌的血肉，是品牌在经营过程中所渗透的社会文化和民族文化的综合展现，它包括品牌的口号、宣传内容、管理方式、经营理念等。

第三个层次是深层品牌文化。它是品牌文化的精神和灵魂，它包括品牌的愿景、使命、宗旨、意志、价值观、情感和精神等，是品牌文化的核心。

推动消费者对品牌文化的口碑传播，可以从品牌的三个层面进行。

第一个层面是从外层品牌文化来推动品牌传播，它包括品牌名称、包装、标志等方面。

在外层品牌文化中，特别需要注重"视觉锤"工具的使用。所谓视觉锤，指的是卓越而差异化的主视觉识别图形。强有力的视觉锤是品牌资产之一。因为营销研究表明，视觉是影响顾客购买决定的最大因素，即使具有画面感的文字定位信息，也仍然需要将品牌差异化的信息完美依附到色彩、图案以及形状上，通过视觉来承载品牌信息、进行品牌识别，给顾客最直观的感受，让顾客在心中建立起有效的联想，推动顾客与企业建立起超越产品的品牌关系。

比如，植物医生的店面一直以绿色为主色调。因为植物医生发现顾客很在乎植物医生店面的颜色。经常有顾客会对身边亲友口口相传时表示，有家店的产品非常好，当亲友问他使用的是哪款产品时，他往往记得并不很清晰，但他会记得产品是绿色店面的那家品牌的产品。

相较于使用汉字或英文等文字，顾客对于直观颜色的记忆和传播通常更喜欢、更习惯、更迅速。而在颜色之中，绿色是大自然的主色，又称植物色，象征着朝气、生机、活力、希望与和平，能够让人迅速联想到植物和自然，很契合植物医生的品牌文化，所以植物医生一直坚持使用绿色色调的店面。

另外，植物医生也做了一个标识上的新改进，把 Logo 变成了两个山头，这两个山头代表的是高山植物，大家对这个图案的记忆也非常深刻。

除了颜色和 Logo 以外，还有产品名称也是一个很重要的传播点。

比如，石斛兰系列产品中的石斛是我们中国的一种重要植物，位列中华九大仙草之首。解总当年常用石斛产品作为"国礼"赠送给各国政要。

但石斛的"斛"字，实际上是个生僻字，很难传播，有人把它叫石斗、石角，还有人把它叫石解，等等。在这方面植物医生就进行了一番教育普及，从文字的认识开始进行推广教育，经过一番努力后发现传播效果很好，这也意味着稍微生僻的字被教育过来以后，它就形成了一个很重要的品牌传播点。

第二个层面是从中层品牌文化来推动品牌传播，它包括品牌的口号、宣传内容、管理方式、经营理念等方面。

比如，植物医生"高山植物，纯净美肌"的品牌表述，不仅将品牌与其公司倡导的理念、价值主张相联系，还符合了目标顾客的心理需求，形象生动地展示了品牌的特征，并且朗朗上口，适于传播，易于记忆。

又如，植物医生有着科学先进的22大经营理念："使命：帮助人们更年轻、更美丽""愿景：让世界爱上中国化妆品""价值观：敬仰自然，崇尚科学，回馈社会""定位：高山植物，纯净美肌""口碑传播：金杯银杯不如口碑""让顾客满意""留住核心，其余外包""领导力＝凝聚力＋专注力＋变革力""责任心是最优秀的品质，所有的制度流程都不能替代责任心""奋斗为本""以绩效论英雄，让PK文化蔚然成风""多让一线做决定，多从一线选人才""做好产品是唯一出路""为顾客创造惊喜就是我们不懈的追求""保质保量不积压""店面四要素：整洁、亲切、丰富、新鲜""零售就是卖好卖的货""树样板、学先进、增满意""诚实守信是一切基础""强大的总部，敏捷的店面""计划早，准备足，实施快""过勿惮改，不二过"。品牌一定要建立起科学、先进的经营理念，才能准确地找到定位，使品牌团队心往一处想、劲儿往一处使，形成很好的合力，产生很好的效力，从而更好地对客户负责、对成员负责、对社会负责。

第三个层面是从深层品牌文化来推动品牌传播，它包括品牌的愿景、使命、宗旨、意志、价值观、情感和精神等方面。

在品牌文化体系中，愿景、使命和核心价值观是非常关键的方面，每个打造品牌的管理者，都需要对三大要点进行深刻的思索和慎重的确立。

所谓愿景，就是品牌对未来发展方向的描述，它是一种期望、预测，它回答的是"品牌想成为什么"的问题。

所谓使命，是品牌对自身和社会发展所做出的承诺，它代表的是品牌奋斗的理想和宗旨，它回答的是"品牌为什么要发展""每天在做什么"的问题。

所谓核心价值观，是指企业经营发展时依据的是非标准和遵循的行为准则，它回答的是"品牌发展要怎么做"的问题。

以植物医生来说，愿景是"成为中国最有价值的化妆品品牌"，使命是"致力于高山植物护肤研究，让人更美丽、更年轻"，核心价值观是"敬仰自然、崇尚科学、回馈社会"。

品牌的核心价值观是品牌文化共性的核心部分。具有良好价值观的品牌，一方面会用心履行品牌的社会责任，生产社会需要并且满意的优质产品来满足社会的需求；另一方面还会为社会公益事业服务，支持和援助公益事业，勇于担当起品牌的社会责任。品牌热心于公益事业，既促进了社会的发展和进步，也树立了良好的企业形象，促进了企业的发展。

解总曾强调，品牌核心价值观就是当我们遇到困难的时候不用思考，直接按照它去操作的信条。在解总的带领下，植物医生自品牌建立之初，不仅致力于生产社会需要并且满意的优质化妆品，而且公益思想深植于根，积极支援公益事业，在社会十分需要资助的时候，植物医生更是义不容辞。

植物医生26年如一日地对优质产品服务和支援公益的坚持，体现的是对品牌核心价值观深刻的践行和彻底的遵循，体现的是不忘初心，铭记使命，坚守愿景的坚忍意志，体现的是人民为本、家国情怀、踏实奋斗、砥砺前行的民族精神。正因如此，植物医生抵达了品牌传播的最高阶段——品牌口碑阶段，"植粉"会主动进行品牌口碑的传播。

当一个品牌抵达这一阶段时，意味着其品牌文化在创造产品、服务的物质效用上，与品牌的精神已经高度统一，能够带给顾客更高级的满足感，能够帮助顾客去寻找心灵的归属，释放个人的情感，享有文化价值的心理利益，在顾客心中形成潜在的文化认同和情感眷恋。

在顾客心目中，他们所钟情的品牌作为一种商业社会的图腾，已经是一种精神和文化的象征，能够让人产生强烈的信赖感，能够融合许多称心美好的联想和回忆，能够具有独特的品牌形象和情感因素，维系他们对品牌的忠实选择与长期联系。

所以有人曾说，未来的企业竞争是品牌的竞争，更是品牌文化的竞争。

消费者对品牌的基础信赖，是对品牌产品和服务的信赖，而要想消费者对品牌能够保持长久的信赖，则意味着品牌一定要建立起优秀卓越的品牌文化。消费者对口碑的基础传播，是对品牌产品和服务的传播，而要想消费者能够持续地进行口碑传播，则意味着品牌一定要建设优秀卓越的品牌文化，只有这样，才能实现消费者对品牌口碑主动而长久的传播。

打造中国最有价值品牌的植物医生足球队战略阵容

现代企业就像一支在"市场足球场"上参加比赛的足球队，是一个分工明确的战略团队，队里的每一个人都是决定比赛胜负的关键力量，大家能不能各司其职、相互协作、执行到位、齐心协力直接关系到企业的愿景能不能实现，企业是不是具有竞争力，企业的发展能不能永续。在这场足球比赛中，企业想要取得胜利离不开各个"球员"——职能部门的团结协作。

现代足球比赛中，球队会排列出各种阵型进行比赛，阵型的主要目的是分布场上队员的位置，让队员在各自的位置上分工合作，而各种阵型基本则是按三个区域即前场、中场、后场来分布队员的。

一、前场的前锋

位于"市场足球场"的前场位置者，我们统称为前锋。

植物医生的前锋，由美丽动力和运营中心两个部门组成，站位于"足球场"的第一线。美丽动力的主要任务是负责植物医生电商事务，运营中心的主要任务是进攻市场。

和足球场上的前锋类似，运营中心的"奔跑"速度很快——业绩跟进高效，主要从四个方面进行：日跟进、周跟进、重要节日业绩跟进；月度、季度、年度的业绩达标率跟进；重点产品的销售跟进；活动节的销售时段跟进。

运营中心的"射门进球"意识强——经常进行市场巡访，以不断发现和寻找市场的机会点，规范和指导运营方法。

运营中心的技术全面——负责各种培训与团队管理，组织各种运营级别的会议，号召和督促团队成员树榜样、学先进。

二、中场的后腰和中前卫

商品中心、品牌中心、供应链中心位于"市场足球场"中场，中场分别有左中场、右中场和中场三个位置。中场球员是足球运动员里的多面手，既要参与防守也要参与进攻，他们积极奔跑，努力夺球和控球，并负责带球向前推进，然后把球传送到前锋脚下，为其创造进球得分的机会，他们在比赛中既是艺术家，也是战士。

位于中场后腰的，是供应链中心，专门负责防守、阻截对手攻势，然后将球交给队友发动攻势。商品中心、品牌中心是中前卫，分别位于左中场和右中场，球队进攻市场时，这两个中前卫是球队衔接后防组织进攻的基础，同时也是控制比赛节奏的核心，把握时机向前锋输送机会，协助前锋进攻；球队防守时，进行中场拦截，协助球队防守。

位于左中场的中前卫，是商品中心，主要负责规划和发展商品部团队，分析市场趋势、制订新品上市计划、跟进上市进度，分析产品生命周期，制订迭代计划；提高产品流转效率（重点产品不断货、滞销品不积压）；优化活动效率（商品折扣率的提高、活动 ROI 即投资回报率的提高）。

位于右中场的中前卫，是品牌中心，主要负责总裁、董事层面的品牌方向建设的推进，包括形象管理、背书建设、公关舆情关系维护等；推进品牌数据智能化应用，实现品牌维护用户以及终端销售的智能化和精准性；推进和把控品牌内容传播输出，提升知名度和品牌力；推进和把控品牌资源的线上线下的营销变现。

位于中场的后腰，是供应链中心，中场组织、调动和整个战术执行的初始过渡重任落在后腰上。后腰需要全面的才华以保证自己的战术执行力——主要负责供应链平台搭建和系统性建设；制订供应链中心工作计划及各部门 KPI，实时监督各部门工作完成进度，并协调跨中心工作开展；审核月度供应计划，控制库存不积压，保证大仓不断货；供应商管理及成本控制。

三、后场的边后卫、清道夫和守门员

研发中心、IT 中心、综合管理中心、财务中心位于"市场足球场"的后场，是全队主要的防守力量。其中，研发中心是左边后卫，IT 中心是右边后卫，综合管理中心是清道夫，财务中心是守门员。

左边后卫和右边后卫是防守线的支柱，首要职责是防守好后场的左右两边地区，封锁通向本方球门的通道，扼守门前的危险区域，随时弥补防

守线出现的漏洞。当地区防守时,有球一边的边后卫要盯紧对手,不让他突破、传中或射门;另一边的边后卫则向中间收缩,以控制危险地区和保护同伴。当对方的进攻在另一侧或邻近的区域发展时,边后卫要与其他队员密切配合,协同防守,积极封堵保护和补位。当对手从中间进攻时,两边后卫要向中间靠拢,控制和保护中间地区,并时刻盯住向内线切入的进攻对手队员。边后卫还需要协助控制中场和组织进攻,以及经常在边区参与进攻,起到边锋的作用。

位于后场的左边后卫,是研发中心,主要负责研发未来架构的确认、及时调整以及分块落地的实现、正常运行;两个10亿元单品的产品规划、迭代上市以及研发;与中国科学院、安琪酵母、淼淼等战略研发合作洽谈以及项目的落地与跟进;2019年新品4波16招、新品的复购率和产品未来的潜力评估;品牌国际化布局中产品和合规工作。

位于后场的右边后卫,是IT中心,主要负责IT中心5年规划,推进公司IT化建设,业务流程IT管理,最终实现IT驱动业务发展;核心开发框架的构建,使用AI等最新技术解决复杂的业务问题,让IT成为公司核心竞争力;IT团队建设,核心人员培养。

作为优秀的"市场足球场"边后卫,研发中心和IT中心善于独立思考,具有坚定的信心以及顽强的意志品质;掌握着自己位置不可缺少的国家国际级核心技术;善于利用独有的边路位置的特点和较强的比赛意识参加比赛,并且速度快、灵活和耐力好,能够很好地胜任攻守兼备的重任。

清道夫,是足球场比赛阵型里拖后中卫的别称。主要职责是保护其他防守队员,及时弥补防守线出现的各种漏洞,迅速阻截对手向球门的传球,比如进行补位、限制对手越过防线的突破、阻截对手射门等。一般不轻易参加前场的进攻。

位于后场的"清道夫",是综合管理中心,主要职责是进行制度建设,于每年 12 月至次年 1 月开始整理下一年度的制度并发布，后期根据业务需要再及时增加；进行流程建设，于每年 12 月至次年 1 月开始完善下一年度的分权手册并发布，其他流程根据业务不断完善或及时增加；制定年度考核指标并下发告知，于年会后进行下发；制定各中心及部门绩效指标，于每年 12 月将集团下一年目标公布，组织各中心一起讨论制定出各中心 KPI，再由各中心分解部门 KPI，进行签字生效后考核；负责日常项目或日常工作中的工作改进。

守门员的主要职责就是通过扑救来封堵对手的射门，由于守门员是球队的最后一道防线者，能综观全局并及时发现本队进攻及防守上的不足，所以守门员也负责及时提醒队员弥补这些位置的不足，起一定的指挥作用。

植物医生球队的"守门员"，是财务中心，主要负责公司财务管理制度和各项工作标准、流程的建立与完善，并监督实施；组织实施公司的会计核算、会计监督、财务报告、成本管控、预算管理、资金管理、内部审计等财务工作以提升企业经济效益，支撑业务发展；负责组织公司年度经营预算的制定、执行与反馈，通过预算与经营分析为改善经营业绩提供决策支持；负责公司的投融资业务，股权激励方案的实施，实现产业和资本的结合；负责公司股东会、董事会的各项会议及决议文件的准备，完善公司治理结构；负责统筹集团公司范围的纳税筹划及税务风险防范；组织完善公司的财务管理信息化工作，提升财务组织效率；财务组织建设、梯队建设、外派财务人员管理及人才培养。

植物医生除了上述"球员"外，在国际"市场足球场"上还有两大干将——未来事业部和东南亚事业部。其中，未来事业部主要负责日本市场"足球场"的开发、OEM 厂家开发，以及日本及东南亚市场"足球场"的产品研究与开品、产品供应。未来事业部主要负责中国香港及东南亚市场"足球场"的开发、运营、品牌推广、团队管理以及海外电商平台的开拓和运营。

全队拧成一股绳，发挥整个"球队"战略阵容的最大力量——这就是植物医生品牌球队的秘诀，也是其他所有成功企业和组织能够形成强大竞争力的关键。

在"市场足球场"上，解总和植物医生团队的5年规划，是实现"成为中国最有价值的化妆品品牌"的愿景，达成这个目标的可衡量的"关键结果"是业绩突破125亿元、打造两个10亿元的单品、市值第一。

由于具有一支深具团队精神的战略球队，植物医生形成了很好的向心力、凝聚力、战斗力和创造力，大家心往一处想，劲往一处使，都围绕着团队整体的战略和发展方向进行协作配合。于是，想要克服的困难可以靠集体力量克服，需要创造的事物也会被创造出来，缺少的事物也会主动补上，所以我们相信解总和植物医生团队的"打造中国最有价值品牌"的愿景一定能够如期实现！尽管中国化妆品"足坛"还存在一些问题，但是在植物医生这样卓越化妆品品牌的标杆引领下，我们必将看到中国化妆品"足球"界的春暖花开，必将迎来中国化妆品"足球"的振兴、崛起以及不断冲进"世界杯"，不断谱写出新的辉煌华章！

"笨"到让人舒服

在推广营销过程中，销售人员想要获得销售成功，就要先照顾好顾客的感受，你让客户感到满意舒服，客户才会照顾你的生意。

大多数的销售人员可能认为销售的目的是把产品卖出去，获得利益，事实上却并非如此。销售的最终目的，不仅是将产品卖出去，更重要的是，让顾客从购买行为中感到心里舒服、获得价值感。换言之，你需要适当地进行推销，让客户感到自己购买你的产品是一种明智的选择，对自己的购买行为感到满意，这样客户以后才会主动来照顾你的生意，你也将会因此而获得更多的业绩。

植物医生在经营过程中发现，适当的推销十分重要。

比如，植物医生团队内部曾经为了顾客的客单价（即一次性购买多少商品）的问题发生了多次的争执，而解总的建议很简单——客单价不需要太高，也就是一次性与顾客的交易不要太多。为什么这样建议？是为了让顾客舒服，增加他的满意度。即使顾客当时想买太多，也可以告诉他，这次先拿回去试一试，等试好了以后再回来买。

在顾客买回产品后，植物医生会跟踪顾客的使用情况。很多顾客会有冲动性购物行为，会出于一时冲动而购买很多东西，回家之后又不用。而在这种化妆品上的冲动购物，首先会导致皮肤得不到很好的改善，其次就是对产品也造成了浪费，所以植物医生会让自己的美导进行不过度而适当的推销，并且尽力跟顾客沟通，促进或教会他们使用产品后及时跟进，听取顾客的使用意见来对后续的服务做出更周到的调整。这种售后服务的质量非常重要，比一次性追求很高的客单价效果要好得多，植物医生的回头客明显增加了。

植物医生有一段时间来了个培训师，这个培训师会教大家怎么不断地在一个顾客那里卖更多的东西，怎么去挑战顾客，用各种办法、想方设法地让顾客把兜里的钱掏出来变现为植物医生的产品。当然这个培训师并没有待多长时间，植物医生就把他请走了。道理很简单，即使是一次性的成交单再大，如果引发顾客的不满、反感，发展就不可持续，当顾客因为一时冲动把一大堆产品买回家后，很容易形成不满，因为他发现自己又花了好多钱，感到自己是受到鼓动，会有一种上当受骗的感觉，而且他在使用上也有很多困难，毕竟他用不了那么多东西，所以过度推销会产生很多的弊端。

尽管过度销售可以加大眼前生意的客单价，对销售员来说可以有一笔更多的提成，是一种对自己推销能力的证明，但却不利于我们维护长期、稳固、正向的客户关系。因为这种过度销售将深远地影响和决定客户下一次的购买决策，在过度的初次销售后，顾客将不会有意识地进行重复持续的购买，甚至下意识地希望不要走近产品，开始排斥产品，他不仅不可能成为你的忠实顾客，更不可能帮你介绍新的客户。因此要想获得一位十分忠诚的客户，赢得好口碑，我们一定不要过度推销，而应帮助顾客做出合理的购买决策，尽量对客户产生正面的影响。只有正面的影响才能让客户自觉不自觉地一次次回到商品前进行购买，并且对品牌形成正面积极的稳定印象，真正喜欢上品牌的产品，形成对品牌的情感。

所以建立一个理想的客户关系，才是维持顾客忠诚度，使顾客形成长期购买行为的关键所在，我们不应为了眼下这一单生意而失去一个长远的忠诚的客户。

解总倡导和要求进行适当的推销，实质上也是让员工们提醒顾客量力而行，帮助顾客做出合理购买决策，看起来这是一个很笨的方法，但是这样会很大程度地提高顾客的满意度，让顾客感到舒服。当你懂得"笨"得让人舒服，你的客户也会让你的销售额提升起来，还可以因口碑而达到让更多人购买的目的。每一个人都是一颗传播的种子，让更多的人购买就可以形成更多的传播点，在品牌的传播上可以起到非常好的效果。

营销推广的成功之路像一场马拉松比赛，任何短视的行为都会阻碍它的成长和进步。在这场长长的征途中，暂时的领先不代表全程的优秀，更不代表最终的胜利，能够笑到最后，需要的是高瞻远瞩、举目千里的长远眼光，需要的是聚沙成塔、积水成渊的耐心积累。所以品牌要想做好营销推广，有必要多花些心思了解客户的需求，站在客户的角度去思考问题，坚决避免那些对客户无益的过度交易，遵守互利互惠的共赢原则，追求建立良好、稳固、长远的客户关系，只要客户关系建立好了，销售不过是水到渠成的事情。

口碑是最核心的一件事

俗话说得好："金杯银杯不如老百姓的口碑。"市场调研显示，60%以上的被调查者认为，口碑相传是最可信的信息来源，麦肯锡的数据也显示，有64%的中国消费者认同"口碑影响我的消费决策"这一观点。我们与他人不断地交换和传播着信息，他人的意见有时比个人亲身感受更具影响力，尤其是当消费者对产品种类不太熟悉时，口碑的作用尤其强大。由于口碑是从我们认识的人那里获得的信息，而且沟通时受到的干扰比较小，因而口碑往往比从常规营销渠道（如广告）获取的信息更可靠、更可信。

所以，口碑是品牌建设最核心的一件事。不过，这话说起来很容易，做起来却很难，因为一旦企业把口碑传播作为重要的思想理念时，它的很多行为就要为此做出调整。

比如，在企业最基础的人员招聘方面，植物医生一直很少公开发布招聘广告，尤其是在品牌发展的前期和中期，人员招聘主要是靠员工的转介绍、人带人形成的人气。在植物医生发展前期，解总从小学到大学的很多同学，都纷纷加入了企业。他创业前的同事来到企业的也很多，为什么这么多熟悉解总的人都愿意跟着解总一起打拼事业呢？因为在长期的接触中，大家了解他、认可他的品格和能力。

当一个人把口碑传播当成最核心的一件事，那么他在为人处世上的任何准则就都要考虑到口碑，要尽可能地做好，所以他就比较容易得到亲朋好友、同学、同事的认可，得到周围人群的拥戴。假如一个人对口碑漠然置之，毫不在意别人的感受和观点，为所欲为，当然就得不到亲朋好友、同学、同事的认可，人们都不敢相信他，唯恐避之不及。

所以，良好的口碑对一个人来说，是宝贵的财富，是立业成事的资本，它比金钱财富更具有魅力，比任何物质形态都更能影响别人对他的信任和敬重。

当一个人把口碑传播当成最核心的一件事，那么他在工作事业上的任何准则也都是要尽可能地做好。

体现在品牌产品开发上，就是他做的每一件产品都必须去思考，这个产品用的效果会不会好？用了以后会不会口口相传给亲友？还有什么问题？还有哪些需要改进的地方？……在不断围绕着口碑传播去思考去完善的过程中，产品将会越来越具有口碑传播的价值，也会越来越具有口碑效应。

在顾客的服务方面也是这样。植物医生的美导、销售人员把口碑传播当成最核心的一件事，所以在为顾客提供服务的时候，就会去考虑怎么才能让顾客由衷地、发自内心地去传播给其他顾客呢？答案只有一个，那就是让他得到更好的服务和产品。

商品管理中心市场部策划专员盛媛分享道:"俗话说得好,'金杯银杯不如老百姓的口碑',但在当今这个快节奏的时代,不少商家却图一时之利做起了'割韭菜'的买卖。不过依旧有一家企业抛去浮躁,静下心来,打造属于自己的好口碑,那就是植物医生。"

"我是 2018 年进入植物医生这个大家庭的,说起来时间并不长,但是也有足足两年的时间让我去了解这家企业。"

"还记得刚进入公司培训时,公司宣讲我们的经营理念,其中有一条就是'口碑传播'。当时我还不理解,都什么年代了,请个明星、打打广告,这样效果不是来得更快吗?还弄什么靠着顾客一张嘴的口碑传播呢?职场小白的想当然,总是就这样蹦进了脑子里。"

"然而在工作之后才发现,植物医生的魅力所在,就是它一步一个脚印地踏实。打广告效果固然很快,但这种效果来得快去得也快,可口碑传播不一样,它是真真切切的由一个消费者传到另一个消费者,使你在得知某款产品的使用感受和效果时,都感到是有温度的、有情感的。"

"之前由于工作性质的原因,我经常会下到店面,很多时候都能看到顾客会带着朋友来购买植物医生的产品,话语里也总流露出'朋友使用效果好,就介绍着也来了'的意思。"

"记得印象很深的一件事,我以前加了一位顾客的微信,但平时也没有怎么在微信上交流过。后来过了大半年,她却突然找我聊天,原来是朋友看她使用效果好也想购买一套,再加上平时这位顾客也会和其他朋友介绍,所以竟然一下子就要购买四五套,于是她就过来询问我近期有没有什么活动。这就是口碑传播,虽然当时不能立刻显示出它的效果,但却能在一段时间之后吸引到消费者,甚至形成有忠诚度的小团体。"

"或许,这就是公司坚定地将口碑作为最核心的一件事的原因了吧!"

品牌中心会员数据部经理敖寒说:"植物医生一直以'会员满意度'

为服务宗旨。解总强调，会员对我们的好口碑，就是对我们产品及品牌最大的肯定。"

"植物医生自1994年成立以来，人们纷纷成为'植粉'。在2007年第一家专卖店成立后，很多人看到店面清新的颜色，美导热情洋溢的笑脸，就想进去看看是干什么的？进店后看到店内琳琅满目的产品，经过美导详细的介绍后，就试着体验了一下，这一体验，就彻底爱上了，把植物医生店面当成了变美的殿堂。在店面美导热情周到的服务下，他们都是带着期待而来，带着满意而归。"

"渐渐地，大家都成了朋友，今天我给你分享一下我的开心，明天你给我分享一下你的小秘密，大家从客户、美导变成了家人一样的朋友。有的会员更是追随植物医生十几年，逢人就夸植物医生的产品安全放心，美导服务热情周到。"

"人们看到自己越来越美，就想着自己的家人朋友也要越变越美，要把这份美丽分享给大家，于是你告诉我，我告诉她，越来越多的人变成了植粉。在加入植物医生的大家庭后，随着对品牌的不断了解，人们对植物医生的产品会越来越有信心，愿意分享给身边的所有人，让大家都能变得更美。就这样，口碑效应凝聚了植物医生今天的1000多万位粉丝。"

供应链中心采购部王玲分享了一位同事的故事："李鑫是一名植物医生的美导，她很内向，说话的时候声音怯怯的，任谁看都觉得她不适合做销售，但是恰恰相反，她是店里每个月销售业绩最好的美导。"

"我认识她的时候，她已经在植物医生待了3年多了，我无从考证她的开始是否艰难，但我能观察到她现在的工作状态很顺手。"

"据我观察，她的很多顾客都是口口相传介绍来的。每次接到顾客时她都会和顾客轻声细语地聊天，渐渐聊到顾客的需求和喜好，然后才会推荐适合顾客的产品。"

以"笨"制胜
——解读"植物医生"发展之道

"她很熟悉产品,在推荐产品时她会详细地和顾客聊产品的特点、成分、使用经验等方面,每一个顾客在她那里都会对植物医生有一个新的全面的认知。再加上我们的产品确实也很给力,所以顾客的接受度特别高。"

"每当顾客离开的时候,她都会和对方加一下微信,以方便随时和顾客沟通产品的使用问题。贴心的服务加上产品优良的品质,好口碑就这样一天天地积攒起来了。很多顾客用着好都会推荐自己的朋友过来,因为好东西我们都习惯于推荐给自己的好朋友,朋友的介绍远比那些华丽的广告更值得信赖,而李鑫也很珍惜这来之不易的口碑,她对每一位顾客都特别负责。"

"在这样的良性循环下,李鑫依托于植物医生过得越来越幸福,同时植物医生这个品牌也赢得了更多消费者的信赖。我们的高品质产品为我们留住了很多像李鑫一样的美导,而越来越多像李鑫一样的美导也为我们带来了实实在在的顾客,所以说'金杯银杯不如口碑',这句话说得一点儿也不差。"

日本二店的店长张如月分享道:"有一次,我们在店面赠送试用装和面膜的时候,S顾客停下匆忙的脚步,认真地听我介绍。"

"几日之后,S顾客再次来店说:'之前的面膜我用了,特别贴合而且保湿,味道我也很喜欢,特别好用啊!'"

"'那太好了,您喜欢就好。我们还有其他很多的护肤品,可以给您试用一下。请问您主要想改善什么呢?'"

"'我眼周有细纹,还想淡斑,皮肤有点儿暗黄。'"

"'啊,这样呢,现在店内可以免费体验护理,我给您选择一套适合您的产品,您可以试一下。'"

"'哇,可以吗?那太好了!我想体验一下!'"

"'感觉怎么样?还舒服吗?'"

"'特别舒服,上班辛苦一天后,特别缓解压力和疲劳。'"

"'对的,而且您可以看看,做完护理后您的皮肤水润润的,又很透亮。'"

"'好的,谢谢您!'"

"在做护理的时候,我为她介绍了我们植物医生的文化及产品特色等。S顾客很放松也很享受,当她听说我们的护理是免费的,感到很吃惊:'护理是免费的?真的假的?那我如果想做护理的话,只买产品就可以了吗?'"

"'真的呢!一次就能感觉到变化呢!'"

"'那你给我拿一套,以后做护理用。'"

"大约过了2个月,S顾客明显感觉到眼周的细纹有所改善,斑也变淡了很多,她特别开心:'最近感觉细纹有所改善,斑也变淡了很多,好开心啊!'据了解,她之前一直使用的是SK-Ⅱ的产品,刚开始用的时候感觉还很不错,但是过了一段时间后也没有什么明显的改善。"

"'最近周围的朋友都夸我皮肤很好,好开心啊,太感谢你了!我家女儿的护肤品也快用光了,拜托你帮我女儿也配一套吧。'"

"S顾客家里有两个女儿,觉得我们的产品很值得信赖,所以为自己的女儿也买了护肤品带回家。过了一段时间后又为我们介绍了自己的朋友来做护理,现在那位朋友也是我们的忠实粉丝。"

"这种案例有很多,凭借着我们过硬的产品和极好的口碑,我们在日本的店跟在中国的店一样也受到了越来越多人的欢迎。"

东南亚事业部进出口专员梁俊贤回忆道:"用最好的态度,服务好每一位顾客,打造好口碑,是我们香港店秉承的初衷。记得有一次,我们同事接到一个老顾客的单子,要购买一套紫灵芝的套装,价值1888元,但是顾客身体有点儿不舒服,不方便到门店取货。"

以"笨"制胜
——解读"植物医生"发展之道

图4-1 DR PLANT植物医生香港旺角店

"基于我们要用心服务好每一个会员,我们决定即使坐一个小时的公交也要把产品亲手送到顾客家里,做到真正的门对门服务。当顾客开门的时候,见到我们真的把产品送到她家门口,她感到非常意外和惊喜,忙不迭地感谢,根本没想到我们的服务可以做到这么体贴。此后这位顾客也跟我们美导有了更多的互动。优质的产品,周到的服务,我们的口碑就是这么一天天一步步建立起来的。"

植物医生初期的经营理念中,有一条理念就是"口碑传播"。后来这条口碑传播的理念,升级成了回馈社会,而回馈社会的核心元素,也是形成品牌的口碑传播。

5P之四4P（Promotion）　推广就是进行口碑传播

图4-2　DR PLANT植物医生香港旺角店

在口碑传播上，公益体验活动也特别重要，比如植物医生很早就开始了植树公益活动。这个植树公益活动开展的前期，参与的人员主要来自总部，渐渐分公司的人员也相继加入，再后来总部和分公司就带领会员与顾客一起参与活动。随着活动规模越来越大，大家参与的积极性越发高涨，气氛越发浓厚，会员们经常携家带口一起参与公益活动。活动也收到了非常好的效果，产生了一种有力的正能量，既有利于塑造良好的企业形象，提高美誉度，也增强了员工的自豪感和工作积极性，扩大了品牌影响力，争取了包括政府和相关组织在内的更多的社会支持。并因品牌对社会责任的承担和高信誉度而拉近了与消费者的距离，获得了更多的情感支持，从而形成了一个非常好的品牌口碑效应。

除了植树的体验活动外，植物医生组织的去高山植物园旅行、中国科学院扶荔宫参观、"透明工厂"旅行等活动，都是其他品牌很少进行的，这些活动也都可以强化品牌的口碑效应。

2018年，植物医生上线微信小程序积分商城，区别于其他品牌的产品销售，植物医生在积分商城中并不会兜售任何产品，而是变着法子地帮助会员将手中的积分变现，将积分兑换为各类热销商品。

可能有人会很奇怪，积分变现兑换热销商品不会影响店面的销售吗？会员都兑换了商品谁还去店里买东西呢？对于追求眼前利益的品牌来说，这确实是一种"笨"方法，但植物医生决定开发积分商城的初衷，是要让顾客手里的商品积分变得更"值钱"，保障会员身份的价值。有价值，顾客自然会长期追随。这种不求短期回报，促进会员保持长期黏性和活跃的做法也达到了效果，2019年，顾客回购率均在50%以上，顾客的口碑效应也更好了。

还有，植物医生不仅在日本东京设立了研发中心，还在东京、大阪，中国香港开了店。其他地域的植物医生的美导、销售也会适当引导顾客去这些地方参观，让顾客认识到中国民族化妆品的实力已经完全可以走向国际市场。同时也让大家逐渐认知到，东方人皮肤肤质和西方人皮肤肤质是颇为不同的，真正考虑到国人需求的化妆品，往往是我们中国的化妆品，尤其是矢志不移以满足国人需求为出发点的植物医生。

5P之四4P（Promotion）　推广就是进行口碑传播

图4-3　东方人肤质的四大特点

植物医生与剑桥大学有一个很重要的研究合作，在这个合作中，大家发现东西方人的皮肤有着超乎一般人想象的巨大差异。

第一点，东方人的角质层比较薄，西方人角质层厚。而东方人角质层薄，也就意味着这个掌管皮肤新陈代谢和保卫工作的"屏障"更容易受损，所以就需要更安全的护肤品；西方人角质层厚，肌肤耐受力更强，对于化妆品使用更大胆，相对也更能忍受护肤品或化妆品中的化学成分刺激。

第二点，东方人的皮肤特别容易敏感，西方人的皮肤不太容易敏感。这就意味着东方人的皮肤更容易过敏，更容易受到化学物质的刺激，所以需要更健康的护肤品。

第三点，东方人皮肤含水量很高而角质层又薄，皮肤容易失去水分，所以就需要更多的补水产品；西方人的皮肤结构含水量低而角质层又厚，所以就不需要那么多的补水产品，而需要更多的抗皱产品，他们皮肤衰老得也比较快。

第四点，东方人皮肤偏黄，肤色较深，黑色素较多，肌肤更容易暗沉，同时在美的追求上，东方人认为"一白遮百丑"，因此更加注重美白；西方人皮肤较白，黑色素较少，不需要额外美白，同时在美的追求上，就喜欢

"美黑",他们认为很白的皮肤是一种不健康的表现,也是体现生活不太快乐的一种指标。所以他们超级爱晒太阳,想方设法地进行"日光浴"。

第五点,西方的主流化妆品企业在研发过程中,针对的客户对象是白人。植物医生有很多海外做研究的人员,发现西方化妆品研发的样板都是白人,但是植物医生在测试产品对皮肤的效果上,进行功效核实时,找的都是东方女性,找的都是植物医生团队身边的人,所以使用起来就会产生截然不同的结果,毕竟皮肤本身就具有巨大的差异。

其实,我们可以深入想想,东西方的差距又何止是皮肤呢?仅从外形上而言,不同的方面就非常多,比如,头发颜色不同;脸形不同,西方人的脸形通常比较窄;鼻子也不同,东方人的鼻子偏低,他们的鼻子偏高一点;等等。

西方的主流化妆品公司历史都非常长。短则几十年历史,多则上百年历史,所以他们在营销、定位、背景上都下了很多功夫,产生了很好的效果,对我们东方人产生了巨大的影响力。于是大家往往冲着品牌高大上的感觉拼命购买,实际上很多人都不知道,东方人买的往往都是不适合自己的化妆品。

在这方面,日本消费者就明显清醒理性得多。在日本市场上本土的化妆品占到全部化妆品的90%,而在中国大多数的化妆品市场还是被那些外国合资品牌占领,这也就意味着中国消费者大多数买的是并不适合自己皮肤的化妆品品牌。

植物医生在发现这一点以后,就加强了这方面的研发,不断地针对东方人的皮肤特点去开发适合东方人的化妆品。

可喜的是,如今已有越来越多的理性消费者逐渐意识到了这一点,他们会发现,花了很多钱买的那些所谓的大牌化妆品和进口化妆品并不适合自己,还是身边的这些化妆品更加适合自己。他们逐渐明白,一个好的国产品牌不但要具有西方先进的抗皱技术，更要有东方的细致呵护理念和针对东方人肤质进行研发的高新技术，只有融合了东西方先进理念和技术研发出来的产品才真正适合东方人使用。

在经济全球化席卷八方、市场竞争日趋激烈的今天，具有核心竞争力的中国自主品牌，已经成为亮相市场的"名片"、引起关注的"招牌"、迎接挑战的"底牌"、赢得竞争的"王牌"。中国制造之所以在全球产业链中处于中低端，就是苦于缺乏自主品牌，"卖一台计算机只赚了一捆大葱的钱"。打造自主品牌，对中国企业来说，远远不是过时的理想，而是生死攸关的现实课题。

振兴国货品牌需要各方合力，打响民族品牌远非一时之功，所以对于那些具有"咬定青山不放松"的定力、持之以恒的毅力，锲而不舍地坚持推出高性价比、高技术含量、高质量产品的中国品牌，那些以品质优良的产品、科学先进的技术改变了国人以及海外人士对国货认识的中国品牌，那些在孤独中跋涉、在寂寞里坚守，以自己的"守正笃实，久久为功"给我们新时代消费者带来民族自豪感的中国品牌，我们理应给予更多的认可和支持。

品牌势能：飞机高空不费油

势能，是物理学中的一个概念，是储存于一个系统内的能量，可以释放或者转化为其他形式的能量。势能是状态量，又称作位能。势能不是单

以"笨"制胜
——解读"植物医生"发展之道

独物体所具有的，而是相互作用的物体所共有。

众所周知，任何产品都是有价值的，当这种产品被市场接受后，在交易中又会产生一种让渡价值——企业转移的，能被顾客感受得到的实际价值。这种价值越大，对顾客来说其所具有的吸引力就越大。从顾客所获得的价值到产品的固有价值，会形成一种高低差，这种高低差就是一种"势"。大自然的河水，总是由高处向低处流动，从高到低之间有一个落差，正因为有了这个落差，水才能流动，由于"落差"创造了势能，形成了物流动能，才使水流动起来。

品牌的营销推广需要势能，品牌的势能对企业而言是动力，对顾客来说是引力。没有品牌势能，就不可能形成大规模的物流动能，就没有大规模的顾客消费，拥有品牌势能的企业就像飞在高空的飞机，不但不"费油"，还会具有更多的能量优势。

很多人都认为飞机飞在万米高空会很费油，其实并不是这样的。

低空的气流环境比较混乱，而且更容易遇上狂暴气流，所以飞行员要不断与气流作斗争来保持航向，从而增加了耗油量。同时，低空的空气密度比较大，阻力也较大，也使耗油量相应增加。另外，低空还需要躲避积雨云，需要驱赶对飞机来说是致命杀手的飞鸟，来保证安全。

而高空就不一样了。

我们知道，飞机的飞行和气流关系巨大，流经机翼的气流产生的压力差，让飞机具有了飞起来的能力，但同时飞机的飞行也无时无刻不在和气流进行斗争，因为低空的气流环境较为混乱，遇上一阵风就会使飞机的航向产生偏移，飞行员就得对飞机做出操纵来对抗气流。无形中不仅使乘客的乘坐体验下降，也增加了危险性，毕竟低空更容易遇上狂暴气流。而且飞行员和气流进行斗争，几乎不可避免地要使用节流阀，这就增加了燃油使用量。

而飞机飞行的高空都是在大气层当中的平流层，这个高度的气流较为稳定，阻力也比较少，对飞机的飞行不容易构成影响，飞行员不用一直和气流作斗争，自然就省油很多了。同时这个高度的飞鸟很少，积雨云等云层也早已被甩在身后，不会遭受雷击，更加安全。气流稳定对乘客而言最明显的差异就是飞行更加稳定，乘坐的体验更加舒适了。

品牌传播也是一样的道理。

当品牌升到一定高度的时候，品牌实际上所需要承担的传播费用也会大幅降低，这就是品牌的红利期。因为消费者总是更相信处于"高空"的品牌——处在"高空"的品牌意味着更好的服务感受、更愉悦的产品体验和更具吸引力的品牌文化。

那么，品牌怎样才能够升到高空呢？

这就需要坚持不懈的积累，通过持之以恒的积累品牌势能，让品牌上升到一个其他品牌难以达到的高度。

植物医生品牌在各个关键的方面都不断进行着积累，以期能上升到一个最理想的高度。

比如，植物医生很早就开始把科技研发放在了重中之重的位置。在化妆品科技研发方面，植物医生已经通过不断积累上升到了研发的制高点，与中国科学院昆明植物研究所达成了战略级的长期合作。与此同时，由于日本人在护肤品研究上比较领先，所以植物医生很早就开始建设日本研发中心，进而达到了对东方人皮肤研究的技术制高点。

之后，植物医生在日本开店上市，站到了市场的制高点上。大家知道，东京是亚洲最发达的城市，是被GaWC（全球权威城市评级机构）评为Alpha+级的世界一线城市，这种市场制高点的取得对覆盖整个亚洲的市场都起到了推波助澜的作用。与此同时，植物医生又在东南亚最著名的城市——中国香港也开了店，从而又拿到了东南亚的市场制高点。

再者，植物医生在发展过程中，也特别注重回馈社会。在回馈社会方面，植物医生真正做到了行业第一，站到了中国化妆品行业的道德制高点上，这个道德制高点可以影响其他很多顾客，形成深远的品牌口碑效应。

另外，植物医生还拿到了渠道的制高点。这个渠道的最高点，就是渠道的掌控能力，和其他渠道里发展的品牌完全不同，都是自主店面的植物医生，具有渠道的自主掌控力，无论是跟顾客的接触，还是信息的传达，或者在资金的保障上，都让品牌得到了最大限度的支撑。

由此，植物医生品牌的飞机就升到了更省油、更具优势的高空，形成了大规模的物流动能和大规模的销售，从而更好地实现了品牌的价值。

服从规律，挑战规则

"万物莫不尊道而贵德。道之尊，德之贵，夫莫之命而常自然。"

道是什么？道，实际上就是规律。规律是事物之间本质的必然联系，决定着事物发展的趋向，具有必然性、普遍性、客观性、永恒性。

那么，规则又是什么？规则，就是做事方法，是人们因为局限于过去的信息或认识，按照积累的经验和已有的方式，在反复使用中所形成的模式，它使人们形成了思维定式而盲目从众、因循守旧。企业要想谋得发展和突破，就一定不能局限在一个小框框里，不能故步自封、墨守成规，而要在听取大家意见的基础上，勇敢挑战规则，实现突破。

解总说:"服从规律,挑战规则。这是我们做企业服务客户,需要遵循的很重要的一个方法论。"

规律是不可更改的,比如一年有春夏秋冬四季,白天黑夜不断更替。冬天天冷我们要穿棉袄,夏天天热我们要穿短袖。人每天需要吃饭、喝水,这些自然界规律和人的生存规律都是不可更改的。

明天温度会不会升高,我们不清楚,但是从春天到夏天温度越来越高是肯定的。虽然明天或许会下场雨刮场风,或许会比昨天凉一点,虽然明天或许会吃少一些、喝少一些,可能会形成一个小小的波动。但整体的规律是有必然性的,它既不能创造也不能消灭,不管我们承不承认,它都是客观存在、不以人的意志为转移的。

上面这些规律是每个人在生活中都能感知的。而对企业品牌来说,也存在着很多的规律,这些规律都很重要,却往往是不易察觉的,所以企业管理者需要不断地进行钻研摸索,不断强化对规律的认识。

比如,消费者的购物规律和购物习惯,一年之中什么产品什么季节销量好等,这些深层而细致的规律。护手霜是每年11月卖得最好,西瓜是每年7月卖得最好,棉袄和毛衣每年10月卖得最好,这些都是有规律可循的,睿智的企业家会遵循规律为市场生产产品、提供产品。

规律是客观的,而规则是人为的。

规则是将一些人们不清晰的事项,经过辩证判断后,形成的一个特定标准。它是为了适应具体时代、具体环境而制定出来的具体规矩,具有时效性、针对性,因此并不是千古不变的铁律。随着时代变迁、环境改变,规则也会失去时效性、对应性,不再具有恰当性、合理性。

关于打破规则,解总举了我们日常生活中很容易感知的作息规则的例子:"平常在国内你6点半起床、10点半睡觉,假如你要出国开会,你就得改变时间按照时差进行调整。而假如你在欧洲要跟中国团队开会,那你更加需要打破你的作息时间，这就是规则。规则是可以打破的，如果还按照老规则做，那你跟你的国内团队就没法进行沟通了。"

随着互联网时代的发展，植物医生已经逐渐变成了一个科技型公司，科技人员占到相当大的组成部分。为了获得最先进的科技力量，植物医生从日本 NEC 公司和贝尔实验室挖来了很多人才做 IT 建设，并不断随着周边环境的发展而升级。同时，植物医生也与一些优秀的 IT 建设单位结成了优质的战略联盟，比如植物医生和西安建筑科技大学的计算机体系、计算机专业形成的开发未来系统的战略联盟。

与此同时，植物医生不断加强数据平台的建设，进行数据的深度挖掘，把先进的信息化技术、工具、产品与科学的管理理念相融合，通过管理信息系统把企业的设计、采购、生产、制造、财务、营销、经营、管理等各个环节集成起来，共享信息和资源，同时利用现代的技术手段维护顾客关系，寻找潜在顾客，有效支撑起企业的决策系统，使得企业能够降低库存、提高生产效能和质量、快速应变，增强市场竞争力。

为此，植物医生相继开发和应用了美导助手（"任务清单"，是一种运营数据智能化管理工具）、CRM 系统（集成当今最先进技术的管理销售、顾客服务过程、会员数据分析和会员管理的解决方案）、直发系统（推荐订单）、智能供应链（B2B、B2C/一键代发，S2B2C，供应商联动）、溯源管理、项目进程管理、质量反馈系统、新品开发系统、报表系统（自动出数据，大屏联动）、巡防报告、门店生命周期管理（开店、更新、周边信息等）、POS 系统（美导帮助下单、自助下单）等。

植物医生早已经开始了机器人的研发，除了"透明工厂"完成产品包装的智能机器人外，未来植物医生的智能机器人还可以进行人脸识别、皮肤测试、招揽顾客，可以通过顾客的面部表情和说话语调来判断顾客的情感状态，并能和顾客进行互动，应对一些简单的咨询，从事一些服务和销售，为顾客提供充满奇趣的互动体验。

4000多家店面的管理，如果没有IT的应用，局面将是不可想象的。由于IT的应用，植物医生内部也打破了原有的一些规则，发生了深刻的变革。

首先，打破的规则，就是与顾客的沟通系统。原来那些传统的与顾客的沟通方式，比如用书写、用笔记的方式都已经被摒弃。在互联网中，植物医生团队会根据顾客的需求，为每一位美导设计出不同的沟通方式，获取每一位顾客的信息，然后通过各种算法计算出顾客的最新需求，送达给顾客最需要的产品和服务。

其次，通过高新技术，植物医生能够不断地满足顾客最新的需求。

这里举一个新品研发的例子。植物医生每研发一个新品，在研发过程中团队就已经确定了这个产品是为某一部分顾客而研发的。比如，最近研发出了一种单向面膜，它将销售给谁呢？这个目标，在研发过程中就已经确定为那些经常使用面膜的人群，由于这个单向面膜还具有美白功能，于是系统就又把对敷面膜、美白有偏好的人群给选取出来。

也就是说，植物医生从内部的IT系统里就能算出新研发产品的准顾客都是哪一类人群，等到产品研发出来以后，就可以直接选取这些人让美导进行沟通，把试用装和产品送到他们手里。这些对旧沟通规则的打破和颠覆的新方法，使整个产品的销售过程变得非常简单，而且由于算法也是十分的精确，还可以省掉大量无用的推广费用和推广时间，实现精准推广。

解总还举过一个疫情期间打破沟通规则的例子："现在疫情期间，客户不愿意与人有身体接触，甚至不愿意进入商店里。但是顾客的需求规律是不变的，顾客对美的需求这个事情没有发生任何变化，只不过是在接触规则上发生了变化。所以植物医生店内原有的很多跟顾客沟通的方式、服务的方式也随之发生了改变，我们会做更多的不接触皮肤的小实验，让顾客看到产品的效果后，依然会对产品有信心。同时顾客不愿意进店也没关系，我们就给顾客用快递的方式把产品寄到顾客家里，等等。"

"除此之外，由于现在直播平台很发达，我们也经常用直播的方式跟顾客沟通，让顾客依然能在一个小团队或一个小社群里感受到温暖——有人祝他生日快乐、有闺密在聊天儿等。这样随着环境的变化，我们就打破了原有的规则而运用了更新的方式跟顾客进行交流。当然，虽然打破了规则，但对于规律我们是遵循的。人是具有社交属性的生物，必须要跟其他人保持交流，不能长期处于与外界隔离的状态。"所以植物医生本质上还是基于把握住顾客需求的这个规律，才实现了更为理想的沟通交流效果。

服从规律，打破规则，看似矛盾对立，实则相得益彰，它们是实事求是、坚持真理、不盲干蛮干，也是解放思想、推陈出新、不因循守旧。面对瞬息万变的市场环境，我们只有坚持服从科学发展规律，挑战呆板陈旧的规则，才能成为剩者和胜者。

服从规律，打破规则，就像日和月，照亮了植物医生的发展之路，并仍将继续照耀在植物医生未来的每一天。

5P之五 5P（Price）
价格有高低，品牌无贵贱

反者道之动，弱者道之用。天下万物生于有，有生于无。

——摘自《道德经》第四十章

领导品牌拥有定价权

所谓领导品牌，通常是指一个品类市场上的开创者。这个品牌开创了前人没有的东西，是新品类的领军品牌。

"有生于无"，新事物是从"无"到"有"，所以领导品牌往往是"无中生有"的事物。这里所说的无中生有，并不是凭空捏造、向壁虚构，而是走前人没有走过的路，做前人没有做过的事，是从"没有"开始创造出新的事物，是基于大量科学调研的基础，根据具体的实际情况，通过创新、辩证、系统等高级思维设计出的可行性蓝图，在坚持不懈付诸实践后，取得创新成功的新事物。

领导品牌不仅在市场上拥有较高的知名度、影响力和认知度，而且市场占有率也比较高，在竞争中占据主导地位。与之形成鲜明对比的是跟随品牌，其不管是在知名度、影响力还是市场占有率上，都不如领导品牌。

在定价方面，领导品牌也比其他品牌拥有更多定价权。

定价是一个非常讲究技巧和艺术的课题，需要综合考虑性价比、目标消费者心理承受范围、价格弹性、竞争对手反应等多方面因素，只有基于品类的领导地位，品牌才可能制定出一个相对合理的符合客观实际情况和品牌形象的产品价格带。

一般而言，消费者对产品价格带都有一个潜在的认知。品牌如果没有充分理由或具备引领趋势的企业实力，产品的定价就不能高出这个认知范围。

举个例子，过去人们普遍使用非智能手机的时候，非智能手机的价格带已经被最早的领军品牌制定，摩托罗拉也好，爱立信也罢，价位制定都是依据大家已经普遍认知、约定俗成的价格带，而不能高出人们的认知范围。

但是，后来出了一种新品类手机叫智能手机，由苹果公司最早推广开来。苹果公司于2007年发布了第一代iPhone后，很快成为智能手机领导品牌，拥有了自己的定价权，它定的价格就可以是非智能手机的三四倍。

所以，消费者对价格带的认知，主要来自领导品牌的价格定位，也就是说，企业要想制定出符合企业实际情况和品牌形象的产品价格，必须要基于品牌的品类市场领导地位。

领导品牌，都有一种天然的定价权，植物医生也是一样。

植物医生用的原料都是高山植物，在此之前还没有品牌用过这种原料，谁也不知道这种原料的价格是多少，这样植物医生作为高山植物新品类开创者就具有了绝对定价权，可以领导高山植物的新品类市场。

领导品牌的定价权，实际上是对品牌创新的一种奖励。众所周知，企业如果不创新，无异于在等死，但创新不是一件容易的事情，而是一种非常缜密的科学，盲目创新也会埋葬了创新，导致企业失败，所以不创新的风险很大，创新的风险也很大。

而品牌能够扛住压力进行科学创新的最大奖励，就是它可以形成产品的差异化。一种差异化的全新品类，开辟的是全新的空间，自然可以获得定价权，这种定价权是跟随品牌享受不到的待遇。

比如，如果其他品牌再出高山植物类的产品，它的价格就需要很低才行，如果价格一样的话，人们为何不去买最正宗的呢，为何不去买植物医生呢？

这跟特斯拉汽车、茅台酒、苹果手机等领导品牌的道理，本质上是一样的。其他国家其他品牌再出类似的产品时，价格就只能比这些领导品牌低得多，而当你的产品价格低很多时，实际上就意味着你利润变少了，然而即使利润再少、价格再低，产品也有卖不掉的可能，那这时品牌产品也就没有什么竞争力了。

当然，对创新品牌而言，并不是只要创新了一个品类就可以一劳永逸。随着市场的竞争、模仿者的进入，以及新品类的到来，创新品牌会不断受到挑战，面对这种必然存在的情况，它能做的一件事就是保持清醒，不懈耕耘，拿出勇气，付出艰辛去进行下一步的创新，去赢得下一回的定价权。

从这个角度而言，企业每一次的创新和每一个新品研发的成功，实际上也是为下一次的创新赢得一些时间，为下一次的创新进行一种储备。

人们不喜欢便宜，喜欢占便宜

通过解总首次做网络直播的情况，我们可以发现一个朴素的道理——顾客不喜欢便宜，喜欢占便宜。

当时，解总在直播间发了1万元的红包，结果在不到一秒钟的时间内，每个约50元的几百个红包就被抢光了。顾客为什么会抢红包呢？这其实是一种喜欢占便宜的心理反应。

喜欢占便宜是人常见的一种心理倾向。在日常生活中特别是在购买商品时，很多顾客都会朝着更实惠的地方流动。某某超市打折了、某某厂家促销了、某某商店甩卖了，人们只要得知这样的消息，往往都会争先恐后地向这些地方聚集，以便能买到更实惠的物品。

物美价廉，永远是绝大多数顾客追求的目标，我们基本不会听见有人说"我就是喜欢花多倍的钱买同样的东西"，人们总是希望用最少的钱，买到尽可能好的东西。

如果我们对这种占便宜的心理进行深度剖析，就会发现人们最在乎的并不是便宜本身，而是占到"小便宜"后感到自己捞到实惠的愉悦心情，是这种愉悦心情让人们真正感到了满足。所以在营销圈里流传着这样一句话：顾客想要的不是便宜，而是占便宜后的心理满足感。比如"现在购买就能省20元"比"现在购买只要90元"更能打动顾客，"商品特价"比"全城价格最低"更有诱惑力，同样一个商品由高于10元的价格"清仓甩卖"跌到10元比"10元店"里的更有吸引力。顾客的心理通常是矛盾的，如果一件商品过于便宜，顾客往往会认为"便宜没好货，便宜肯定品质不好"。

所以，你在跟顾客沟通的过程中，往往需要一个合理的促销方式。在产品的基础价格得到大家认同和保障系统稳定的时候，适当用价格上的差异来吸引顾客，这样促销活动的优惠就变成了便宜，顾客也就会心安理得地去占便宜、争相抢购。

在销售活动中，要让顾客带着占便宜的心态去接受产品，应该注意运用以下内容。

一、了解顾客的底线

顾客在购买某件产品的时候，事先通常都会做好预算，如果你报出的价格超出了顾客的心理价位，就等于超出了他的预算范围，那么交易就很难达成。但是如果你给出的报价远低于顾客的心理价位，顾客就会对产品的质量产生一定的怀疑，所以了解顾客的心理价位很重要。当你能在提高顾客心理价位的基础上，让对方感觉占到了便宜，销售就会变得很顺利。

二、利用优惠活动来刺激消费

优惠活动是推动销售最有效的方法之一。商场里的"买一送一""大酬宾"等活动就是基于"爱占便宜"的心理效应而开展的。你还可以利用优惠活动及其时限来刺激顾客购买产品，向顾客表明：过了优惠活动的时限，商品就会恢复原价，现在的优惠价格就买不到了。从心理学角度来说，顾客往往会因这种外界刺激而感到心理失衡。他们会想，同样的东西，我现在买就能省下不少钱，等以后再买就不划算了，于是在焦虑的心理作用下，顾客通常倾向于在优惠活动的限定期限内完成购买。

三、赠送小礼品

小礼品也是吸引顾客的有效方法。不过给顾客赠送小礼品时需要注意，要想用小礼品满足占便宜的心理，就需要传达一种信息：小礼品是限量的，并不是什么时候都有，可以拿到为数不多的小礼品是幸运的。与此同时，对于免费赠送的礼品还应该标注出具体的价格，以直观的价格告诉顾客，他究竟占了多少便宜。

四、折扣

我们经常可以看到很多商家总会挂出"大减价""大清仓""亏本甩卖"等标语，这种刺激消费者的促销方式往往有立竿见影的效果。因为它直观地告诉消费者，这个地方的商品打折了，比之前便宜多了。

五、赠送代金券

顾客凭借代金券在购买某种商品时，可以免付一定的金额，这种方式让消费者觉得自己节省了开支，产生了更多的购买兴趣，增加了购买商品的数量，并且对潜在的顾客也可以起到刺激购买的作用。

六、超值售后

强化售后的附加值，让顾客感到售后超值也能满足顾客占便宜的心理。比如有些美发店推出的"只要消费一次就可以获得免费剪发一次"，婚纱影楼推出"拍婚纱照免费送结婚纪念日拍照套餐"等活动，都属于通过强化售后的附加值来吸引顾客的营销策略。对顾客来说，如果价格不能便宜，附赠超值的售后服务，等于用同样的钱买到了更多的服务，自然也会更愿意完成购买。

当然，我们在这样推销的过程中一定要牢记，既要满足顾客占便宜的心理，又能保障顾客的确能够得到实惠，因为销售的原则一定是基于能够帮助到顾客，基于满足顾客对产品的需求，只有这样我们才能保持稳定、持久的客户关系，实现共赢和可持续的发展。

此外，在让顾客占便宜的同时，还需要注意自己产品的基本价格。植物医生在做价格管理的时候，有一个核心原则就是要保住基础的价格。尤其是在互联网时代，很多品牌都因为价格崩塌、价格不能保证而使品牌得不到应有的支撑，这些经验和教训我们不能不吸取，所以一定要记住在5P法则中，价格也是品牌创建和发展中最核心的支撑之一。

高价可以暗示，性价比才是本质

生活中，当我们去购买一些很重要的商品却并不知道这些产品的性能时，我们的购买依据是什么呢？是价格。比如，咳嗽了去药店买药，货架上有三瓶治咳嗽的药，在你不熟知的情况下会觉得哪个最有效呢？大家都倾向于认为高价等于高价值，最贵的那瓶就是效果最好的，这就是高价的暗示。

为什么物品的高价可以对消费者形成暗示呢？因为消费者大都会以"一分价钱，一分货""好货不便宜，便宜无好货"的观念去判断商品的质量，常常把高价看作优质商品和优质服务的标志，对于高价物品更有信任感。尤其是对于一些无法凭自己的资料判定价值和质量的商品，消费者大都会根据价格的高低得出质量和服务优劣的结论，所以在商品价格较高的情况下，也能刺激和提高需求的效应。这也是西方很多化妆品大牌定价的原则，比如雅诗兰黛、兰蔻等都充分地运用着这种效应进行高额的定价。

不过，他们这种高价的支撑点，并不是人们所认为的本质价值，而是通过大量的广告和海量的宣传得到的。极力争夺一个价格的制高点，来暗示"这代表它的品质最好，功能最强"，但如果一个商品价格定得很高却没有支撑，消费者早晚会质疑的。于是大牌化妆品就会想尽办法寻找价格支撑——铺天盖地的广告宣传。比如机场广告，国内不少大机场包括首都机场已经到处都是雅诗兰黛的广告。国内机场与国外机场的场地、设备、指示牌上基本已经相差无几，打的广告大都是国外的广告。又如杂志广告，当我们打开时尚杂志，会发现与欧美、日本的时尚杂志感觉是差不多的，因为上面到处都是所谓国际大牌的广告，这些广告已经完全垄断了宣传位置的核心。在顶级的商贸区，那些国际大牌为了支撑高价也会千方百计地找到其中最好的广告位置，通过广告去影响消费者，告诉消费者，它是最厉害的、是最贵的，通过所谓的最贵来暗示它是最好的。基于"高价可以暗示""最贵等于最好"的心理效应和价格支撑，它就可以给消费者设置出一个局面，即你要购买一个最好的产品，就只能找它。

这种"高价可以暗示"的效应，业内称为高端化妆品的"魔咒"。但这种"魔咒"实际上是可以打破的，在其他品类早已有先例。

比如，日本首先就打破了服装业高端品牌的魔咒。日本的优衣库，服装性价比高，面料和造型也较好，很多国际大牌都比不上它，但是它的价格可能只有那些国际大牌的1/10，所以优衣库的服装销售得很火爆。

又如，苹果手机掌握了智能手机的定价权，价格定得很高，形成了高价魔咒，而打破这个高价魔咒最好的办法就是高性价比。华为手机就做了这件最有价值和意义的事情——通过自己研发，把产品的性价比进行了极大地提高。消费者惊喜地发现，同样是5000元的手机，华为手机要比苹果手机的电池使用时间更长、内存更高、反应速度更快、屏幕更大等，那华为手机不是更好吗？正是通过高性价比，华为占据了国际市场并形成了一个口碑绝佳的手机品牌。

也就是说，中国本土品牌要想超越欧美品牌，最有效的方式就是打造高性价比的产品，性能比大牌好，价格比大牌低，这就是我们形成和发展品牌的路径。

怎样打造高性价比产品呢？关键在于研发和产品力，所以植物医生的一条重要的经营理念就是"做好产品是唯一出路"。植物医生团队成员都信奉产品至上主义，认为一个品牌如果不能制造出高性价比的好产品就没有存在的价值。植物医生会不断通过高新技术研发制造出更好的产品来提升性价比。大家坚信，随着渠道越来越齐全，有消费经验的消费者会越来越多，消费的智慧也会越来越高，会形成极强的鉴别能力。当他们具有非常好的鉴别能力时，植物医生的高性价比产品就可以大有作为了，因为植物医生在产品性能上，已经远远超过那些垄断最高端市场的欧美大品牌了。

解总常说，要想超越国外大牌产品，你不能只达到和它同样的产品水平，必须远远超过它，才能让消费者真正感觉到性价比的不同。比如植物医生新出了一款防晒产品，它的价格只有日本资生堂旗下品牌安热沙的1/3，但整体性能却是安热沙的2倍。当性价比产生如此巨大的差异时，了解到的消费者自然会转向去购买高性价比的植物医生产品。

所以，在国外研究学者采访解总时，曾特别提出一个问题："我发现，植物医生的产品价格好像并不怎么高？"

解总直言道："对，因为植物医生是以高性价比产品为主，是靠产品品质生存的。高性价比是植物医生认为能够跟国际大牌竞争的唯一方法，我们只有通过高性价比来发展品牌，做好产品才是我们唯一的出路。消费者用那些国外大牌，实际上很大程度是因为心理满足，我们做过很多消费者调研，比如问有的人用的是什么品牌的化妆品？他说自己用的是雅诗兰黛，但是当我们进行追踪后却发现实际上是植物医生。那为什么不好意思说呢？其实现在很多护肤品也都是一个面子工程。"

所谓国外大牌的高价游戏就是基于这种心理满足而产生的——它通过高价暗示优质。不过当真正的高性价比产品超过它的时候，它的高价魔咒也就被打破了，因为当消费者一旦认识到产品本身所产生的价值跟高价并不匹配的时候，消费者自然就会逐渐摒弃它转而选择高性价比的品牌。

所以，尽管高价可以暗示，但是我们坚信真正能持续地赢得市场，还是要靠真心对待消费者的高性价比。

后记：营销之重，绝非营销部门所能承担

企业要满足顾客需求和实现经营目标，不能孤立地、片面地只考虑某一个方面的因素和手段，要根据目标市场的需求和市场营销环境的特点，立足于企业的资源和优势，综合运用5P法则作为市场营销手段，形成有机统一的相辅相成的市场营销组合，使之发挥整体效应和合力，从而实现最佳效果。

在过去，营销人员一般都将各种传播形式看作独立的活动和功能，他们片面地采用一些形式，比如企业的广告部、销售部、质量服务部，各自执行自己的工作计划。而5P法则的营销传播则不然，它是综合协调各种不同机构的功能使之成为一个有机整体，以统一的目标和统一的传播形象，传递一致的产品信息，实现与消费者的双向互动沟通，来迅速树立产品品牌在消费者心目中的地位，建立品牌与消费者长期密切的关系，从而有效地达到产品营销传播的目的。

5P品牌营销组合具有三大特点。

第一，5P是企业可控因素。

影响企业营销活动效果的因素，通常可以分为两种：一种是企业不能够控制的，如政治、法律、经济、人文、地理等环境因素，这些环境因素是不可控因素，也是企业所处的外部环境；另一种是企业可以控制的，如生产、定价渠道、促销等营销因素，这些营销因素是企业的可控因素，也

是企业的内部因素。企业营销活动的实质，就是利用内部可控因素适应外部不可控环境的过程，即通过定位、产品、渠道、推广、价格的计划和实施，对外部不可控因素做出积极的反应，从而促成交易的实现以及满足个人与组织的目标。

第二，5P是一个动态组合。

由于企业面临的市场环境和目标市场，总是在不断发生着变化，而且5P中每个要素所包含的各个子要素，也始终处于动态变化中，所以5P是一个动态的组合。

第三，5P是一个需要整体考虑的组合。

5P法则不是简单的相加或拼凑的集合，而是一个有机地整合，它们需要在企业统一营销目标指导下，彼此配合，相互补充，缺一不可，只有对5P进行整体考虑才能够获得整体效应。

按照5P法则来拟定营销策略，能在营销课题上达到不遗漏也不重复的效果，懂得将这五个要素组合运用，则能够创造出极佳的营销成果。

一、定位策略

主要是指企业以建立一个与目标市场有关的品牌形象的方式来实现其营销目标，其中包括细分市场、选择目标市场和具体市场等可控因素的组合和运用。

二、产品策略

主要是指企业以向目标市场提供各种适合消费者需求的有形和无形产品的方式来实现其营销目标，其中包括对与产品有关的品种、规格、式样、质量、包装、特色、商标、品牌以及各种服务措施等可控因素的组合和运用。

三、渠道策略

主要是指企业以合理地选择分销渠道和组织商品实体流通的方式来实

现其营销目标。其中包括对和分销有关的渠道覆盖面、商品流转环节、中间商、网点设置以及储存运输等可控因素的组合和运用。

四、推广策略

主要是指企业以利用各种信息传播手段激发消费者购买动机，促进产品销售的方式来实现其营销目标，其中包括对同促销有关的营业推广、人员推销、广告、公共关系等可控因素的组合和运用。

五、价格策略

主要是指企业以按照市场规律制定价格和变动价格等方式来实现其营销目标，其中包括对与定价有关的基本价格、折扣价格、津贴、付款期限、商业信用以及各种定价方法和定价技巧等可控因素的组合和运用。

正如惠普公司创办人大卫·帕卡德所说："营销之重，绝非营销部门所能承担。"5P法则改变了过去把营销活动作为企业营销部门的单独职能的观点，强调将所有的活动都整合协调起来，形成统一的、配套的市场营销组合。

面对不同的营销策略，5个P的应用，可能有主有次、有先有后、有攻有守、有进有退，但不论在什么情况下它们都是相互联系、相互促进的，绝不能将5个P割裂开来分别应用，更不能将各个P孤立起来个别应用。只有实施了5个P的优化组合和密切配合，充分发挥其系统功能，才能取得营销的理想效果。

5P法则将复杂的市场营销活动加以简化、抽象化和体系化，构建出营销管理基础而全面的理论框架，是营销观念的变革与发展，具有深远的现实意义和广泛的应用价值。

通过有效地掌握和应用5P法则，中国品牌的发展能够立足于满足国内需求，逐渐形成国内外双循环、互促进的新格局，形成在新的世界格局和国际形势下，我国参与国际合作和竞争的新优势。

以"笨"制胜
——解读"植物医生"发展之道

以植物医生的经验来说，立足于满足国内庞大的市场需求，中国化妆品具有了很好的成长土壤，而古老的汉方等又能够助力中国化妆品做出自己的特色，加上国力的增强、国家地位的上升，中国化妆品已然具备了参与国际竞争的实力。

这样，就如解总所预测的，将具备更好护肤效果的产品推往日本，借助此前国内的渠道经验，根据日本消费者需求和市场具体情况，制定好适当的定位、渠道、推广方式和价格体系后，要在日本市场做大做强也就不是什么难事。

如今，在日本市场，植物医生已经被日本人称作"中国资生堂"，名声大噪。日本是完全开放的国际化市场，布局于此，为植物医生的进一步国际化带来了很多的经验和资源。

华为是通过高性价比赢得了海外市场，植物医生同样可以如此，植物医生的品牌未来可期。

毋庸置疑，在全球化进程加速的时代，即使是"笨笨"的人创造的中国品牌，从扎根本土市场到迈向海外市场，只要能够扎实掌握好5P法则，矢志创新不止，踏踏实实地走好每一步，未来必将是一片光明，必将能够以"笨"制胜！